Das magische Baumhaus

Mit Anne und Philipp im Weltall

Mary Pope Osborne und Will Osborne

Das magische Baumhaus

Mit Anne und Philipp im Weltall

Loewe

Bibliografische Information Der Deutschen Bibliothek
Die Deutsche Bibliothek verzeichnet diese Publikation in der Deutschen Nationalbibliografie; detaillierte bibliografische Daten sind im Internet über *http://dnb.ddb.de* abrufbar.

Der Umwelt zuliebe ist dieses Buch auf chlorfrei gebleichtem Papier gedruckt.

ISBN 3-7855-5577-6 – 1. Auflage 2005
Sonderausgabe. Bereits als Einzelbände unter den Originaltiteln *Midnight on the Moon* (© 1996 Mary Pope Osborne) und *Magic Tree House Research Guide – Space* (Text © 2002 Will Osborne und Mary Pope Osborne, Illustrationen © 2002 Sal Murdocca) erschienen.

Erschienen in der Original-Serie *Magic Tree House*™.
Magic Tree House™ ist ein Trademark von Mary Pope Osborne, das der Originalverlag in Lizenz verwendet.
Veröffentlicht mit Genehmigung des Originalverlags, Random House Children's Books, a division of Random House, Inc.

Als Einzeltitel in der Reihe *Das magische Baumhaus* sind bereits erschienen: *Abenteuer auf dem Mond* und *Forscherhandbuch Weltall.*
Aus dem Amerikanischen übersetzt von Sabine Rahn, Anne Emmert
Umschlagillustration: Jutta Knipping
Umschlaggestaltung: Barbara Weishaupt
Gesamtherstellung: GGP Media GmbH, Pößneck
Printed in Germany

www.loewe-verlag.de

Inhalt

Abenteuer auf dem Mond

Forscherhandbuch Weltall

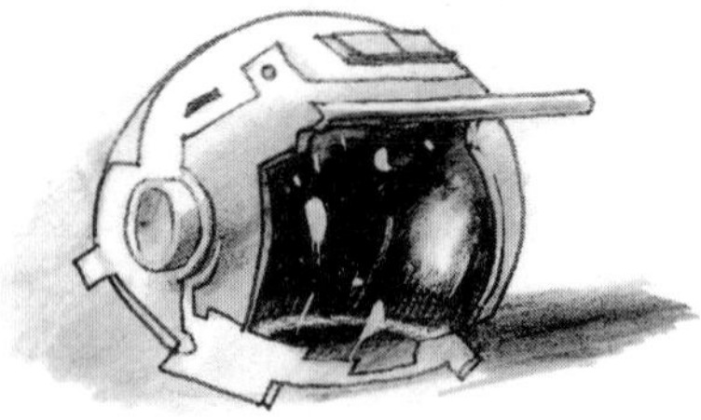

Mary Pope Osborne

Abenteuer auf dem Mond

Aus dem Amerikanischen
übersetzt von Sabine Rahn

Illustriert von Rooobert Bayer

Bei Mondschein

„Philipp!“, flüsterte jemand.

Philipp schlug die Augen auf. Im Mondlicht sah er eine Gestalt.

„Wach auf, und zieh dich an!“ Es war seine Schwester Anne.

Philipp machte Licht und rieb sich die Augen.

Anne stand neben seinem Bett. Sie trug Jeans und ein Sweatshirt.

„Komm, wir gehen zum Baumhaus!“, sagte sie.

„Wie spät ist es eigentlich?“, fragte Philipp.

„Nicht auf die Uhr schauen!“, drängte Anne.

Aber Philipp ließ sich nicht davon abhalten. „Oh, Mann!“, stöhnte er. „Es ist Mitternacht und stockdunkel!“

„Stimmt gar nicht!“, widersprach Anne. „Sieh doch, wie hell der Mond ist.“

„Wir gehen morgen früh“, sagte Philipp.

„Nein, jetzt!“, beharrte Anne. „Wir müssen den vierten Gegenstand finden. Und ich habe das Gefühl, dass der Vollmond uns dabei helfen könnte.“

„Das ist verrückt!“, sagte Philipp. „Ich will schlafen.“

„Du kannst weiterschlafen, wenn wir zurückkommen. Es vergeht ja keine Zeit hier, während wir weg sind“, sagte Anne.

Philipp seufzte. Aber er stand auf.

„Ich warte an der Verandatür auf

dich“, flüsterte Anne und schlich auf Zehenspitzen aus Philipps Zimmer.

Philipp gähnte wie ein Nilpferd, während er sich anzog und seine Brille aufsetzte. Er packte sein Notizbuch und einen Stift in seinen Rucksack. Dann schlich auch er die Treppe hinunter.

Anne machte die Tür auf, und leise schlüpften sie nach draußen.

„Warte“, flüsterte Philipp. „Wir brauchen noch eine Taschenlampe!“

„Ach was“, meinte Anne. „Der Mond leuchtet hell genug.“ Sie ging einfach los.

Philipp seufzte und lief hinterher.

Anne hatte Recht. Der Mond schien so hell, dass Philipp sogar seinen Schatten sehen konnte. Alles wirkte wie in Silber getaucht.

Am Ende ihrer Straße ging Anne voraus in den Wald von Pepper Hill. Hier, zwischen den Bäumen, war es viel dunkler.

Philipp blickte nach oben und suchte das Baumhaus.

„Da ist es!“, rief Anne.

Das magische Baumhaus schimmerte im Mondlicht.

Anne ergriff die Strickleiter und kletterte hoch.

„Vorsichtig! Nicht so schnell!“, mahnte Philipp und kletterte ihr hinterher.

Durch das Fenster flutete das Mondlicht ins Baumhaus.

Es schien direkt auf den Buchstaben M, der auf dem Holzfußboden schimmerte. Das M stand für Morgan.

Auf dem Buchstaben lagen die drei Gegenstände, die sie schon gefunden hatten: ein Mondstein aus dem alten Japan, eine Mango vom Amazonas und eine Mammut-Knochen-Flöte aus der Eiszeit. Den Geschwistern war aufgefallen, dass all diese Dinge mit M begannen.

„Wir brauchen nur noch einen einzigen Gegenstand mit M, um Morgan zu erlösen“, sagte Anne.

„Quiek!“

„Mimi!“, rief Anne.

Im fahlen Mondlicht entdeckte Philipp die kleine Maus. Sie saß auf einem aufgeschlagenen Buch.

„Du hast bestimmt nicht erwartet, uns so spät noch hier zu sehen, oder?“, fragte Anne.

Sie beugte sich zu der Maus hinunter und streichelte sie. Philipp nahm das aufgeschlagene Buch in die Hand.

„Und?“, fragte Anne. „Wo geht die Reise diesmal hin?“

Philipp hielt das Buch ins Mondlicht.

„Oje!“, meinte er. „Ich hab doch gleich gesagt, dass wir eine Taschenlampe brauchen.“

Er konnte im Dunkeln Tabellen und Bilder erahnen. Aber lesen konnte er kein Wort.

„Sieh doch auf dem Umschlag nach“, riet Anne.

Auf dem Umschlag war die Schrift größer. Philipp blinzelte.

„Das Buch heißt: ‚Hallo Mond!‘“, las er vor.

Anne sah ihn erstaunt an: „Heißt das, dass unsere Reise zum Mond geht?“

„Natürlich nicht“, erwiderte Philipp. „Man braucht tonnenweise Ausrüstung, wenn man dorthin fliegen will.“

„Wieso?“

„Auf dem Mond gibt es keine Luft“, erklärte Philipp. „Wir könnten gar nicht atmen. Und das ist noch nicht alles: Tagsüber würden wir von der Sonne gebraten, und nachts müssten wir erfrieren.“

„Auweia!“, sagte Anne. „Aber wohin reisen wir dann? Was glaubst du?“

„Vielleicht dahin, wo Astronauten ausgebildet werden“, vermutete Philipp.

„Das klingt gut!“, fand Anne.

„Ja!“ Philipp wollte schon immer mal Astronauten kennen lernen.

„Dann sag den Wunsch!“, forderte Anne.

Philipp schlug das Buch wieder auf und deutete auf ein kuppelartiges Gebäude.

„Ich wünschte, wir wären dort!“, sagte er.

Ein Wind kam auf.

Das Baumhaus fing an sich zu drehen. Es drehte sich schneller und immer schneller.

Dann war alles wieder still.

Totenstill. So ruhig und lautlos, wie Stille überhaupt sein konnte.

Das Weltraum-Hotel

Philipp machte die Augen wieder auf und sah aus dem Fenster. Das Baumhaus war in einem riesigen, weißen Raum gelandet.

„Und hier sollen Astronauten ausgebildet werden?“, fragte Anne verwundert.

„Keine Ahnung!“, sagte Philipp.

Der große Raum war rund und fensterlos. Der Boden war weiß, und an der Wand brannten helle Lampen.

„Hallo!“, rief Anne.

Keine Antwort.

„Wo sind die Astronauten und Wissenschaftler?“, dachte Philipp.

„Hier ist niemand“, stellte Anne fest.
„Woher willst du das denn wissen?“
„Das fühle ich“, sagte Anne.
„Wir müssen herausfinden, wo wir hier sind“, meinte Philipp.
Er betrachtete die aufgeschlagene Seite in dem Mond-Buch und las, was unter dem Bild mit der Kuppel stand.

Im Jahr 2031 wurde eine Mondbasis auf dem Mond gebaut. Das Dach der Kuppel öffnet sich, damit Raumschiffe starten oder landen können.

„Oh, Mann!“, flüsterte Philipp.
„Was ist denn?“, fragte Anne.
Philipps Herz schlug vor Aufregung ganz schnell. „Wir sind in einer Mondbasis gelandet!“, sagte er.
„Und?“, fragte Anne.

„Und die ist auf dem Mond!“

Annes Augen wurden ganz groß. „Dann sind wir auf dem Mond?“, wiederholte sie.

Philipp nickte. „In dem Buch steht, dass die Mondbasis 2031 gebaut wurde“, erzählte er. „Also wurde dieses Buch nach dem Jahr 2031 geschrieben. Das bedeutet, es kommt aus der Zukunft!“

„Wahnsinn!“, staunte Anne. „Morgan muss in die Zukunft gereist sein, um sich dort aus den Bibliotheken Bücher auszuleihen.“

„Richtig“, bestätigte Philipp. „Und jetzt sind wir in der Zukunft und auf dem Mond.“

„Quiek! Quiek!“

Anne und Philipp sahen Mimi an. Die kleine Maus rannte im Kreis.

„Arme Mimi!“, sagte Anne. „Du brauchst doch keine Angst zu haben.“

Sie versuchte, die Maus zu fangen, aber Mimi versteckte sich hinter der Mango auf dem schimmernden Buchstaben M.

„Vielleicht ist sie so aufgeregt, weil wir auf dem Mond sind“, vermutete Anne.

„Da ist sie nicht die Einzige“, antwortete Philipp. Er seufzte und rückte seine Brille zurecht.

„Was ist eine Mondbasis überhaupt?“, fragte Anne.

Philipp las aus dem Buch laut vor:

Wissenschaftler, die sich eine Weile auf dem Mond aufhalten, essen und schlafen in der Mondbasis.

„Dann ist das eine Art Weltraum-Hotel!“, rief Anne.

„Sieht so aus“, bestätigte Philipp und las weiter:

In der kleinen Mondbasis befinden sich ein Landeraum und ein Lagerraum für Raumanzüge. Maschinen erzeugen Frischluft und halten die Temperatur gleichmäßig warm.

„Deshalb können wir hier also atmen“, sagte Philipp.

„Komm, wir sehen uns mal um!“, drängte Anne. „Schließlich müssen wir den vierten Gegenstand für Morgan finden!“

„Warte, wir schauen uns besser zuerst diese Karte von der Mondbasis in meinem Buch genauer an“, sagte Philipp und holte sein Notizbuch hervor.

„Schau du sie dir an“, sagte Anne.

Philipp malte die Karte ab und zeichnete auch das Baumhaus ein.

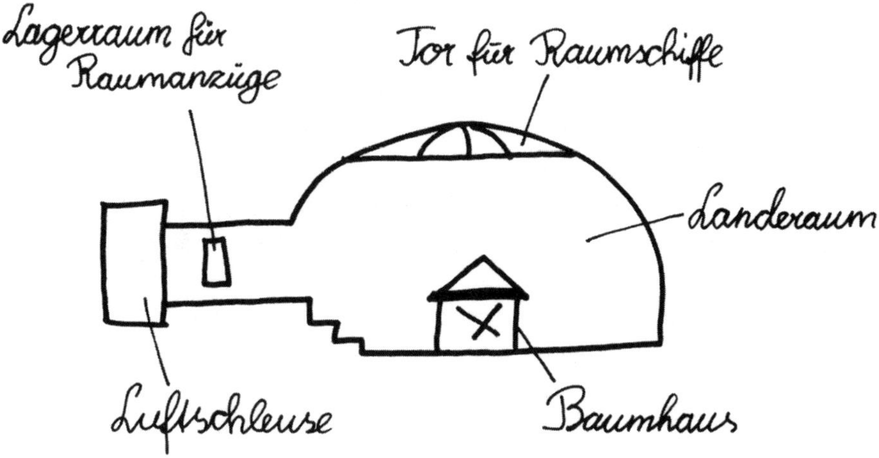

„Okay“, sagte er und deutete auf das X in seiner Zeichnung. „Wir sind jetzt hier ...“

Philipp sah sich um. Anne war weg.

„Nicht schon wieder!“, rief Philipp. Wie so oft war Anne einfach losgegangen. Ohne ihn. Ehe sie einen Plan verabredet hatten.

Philipp steckte das Mond-Buch und den Stift zurück in seinen Rucksack, behielt das Notizbuch in der Hand und kletterte auf das Fensterbrett.

„Quiek! Quiek!“

Philipp sah hinunter zu Mimi. Die Maus rannte aufgeregt auf dem M hin und her.

„Bleib da, hier bist du sicher“, sagte Philipp. „Wir sind bald wieder zurück.“

Philipp kletterte aus dem Fenster.

„Anne!“, rief er.

Keine Antwort.

Philipp schaute auf seine Zeichnung.

Es gab nur einen Weg. Philipp ging an der gerundeten Wand entlang zu den Treppen und gelangte nach oben in einen Gang.

„Philipp! Beeil dich!“ Anne war schon am Ende des Gangs. Sie stand an der Luftschleuse und spähte durch das Fenster in einer riesigen Tür.

Philipp lief zu ihr. Anne trat zur Seite, damit er auch aus dem Fenster schauen konnte.

„Oh, Mann!“, staunte Philipp. Was er sah, nahm ihm fast den Atem.

Er blickte auf eine felsige, graue

Landschaft. Überall taten sich gigantische Krater auf und erhoben sich hohe Berge. Die Sonne schien, aber der Himmel war rabenschwarz.

„Sag dem Mond Guten Tag“, flüsterte Anne.

Sesam, öffne dich!

„Der vierte Gegenstand muss irgendwo dort draußen sein“, sagte Anne.

Neben der Tür war ein Knopf, auf dem „Öffnen“ stand. Anne griff nach diesem Knopf.

„Halt!“ Philipp packte ihre Hand. „Auf dem Mond gibt es keine Luft! Weißt du nicht mehr?“

„Oh, stimmt. Aber wir müssen raus!“

„Lass uns mal nachlesen, was in dem Buch steht“, schlug Philipp vor.

Er zog das Buch aus seinem Rucksack und blätterte, bis er ein Bild fand, das die Oberfläche des Mondes zeigte. Dann las er vor:

Ein Tag auf dem Mond dauert 14 Tage auf der Erde. Da keine Luftschicht den Mond vor den Sonnenstrahlen schützt, wird es tagsüber bis zu 140 °C heiß.

Philipp sah Anne an. „Ich habe dir ja gesagt, dass die Sonne uns braten würde, wenn wir da rausgehen würden."

„Oh, Schreck!", sagte Anne.

Philipp las weiter vor:

Mond-Wissenschaftler tragen Raumanzüge, die die Temperatur ausgleichen. So ist es für sie weder zu heiß noch zu kalt. Außerdem haben diese Anzüge Sauerstoffflaschen, in denen Atemluft für zwei Stunden ist.

„Und wo bekommen wir Raumanzüge her?", fragte Anne.

Sie sah sich um und lief dann den Gang zurück. „Vielleicht hier?“

Philipp betrachtete die Karte. „Komm, wir sehen mal im Lagerraum nach“, schlug er vor.

„Schau doch nicht ständig auf die Karte!“, schimpfte Anne.

Philipp blickte auf. Anne hatte am Ende des Gangs eine weitere Tür mit einem Fenster gefunden.

„Hier drin liegt jede Menge Ausrüstung für den Weltraum!“, rief sie.

Philipp kam und spähte auch hinein.

Weite, weiße Anzüge hingen an Kleiderbügeln. Sauerstoffflaschen, Helme, Handschuhe und Stiefel standen ordentlich in den Regalen.

„Hey! Das sieht ja aus wie die Waffenkammer in einem Schloss!“, fand Philipp.

„Ja, mit riesigen Rüstungen!“, sagte Anne düster.

„Wir probieren einfach die kleinsten Sachen an“, meinte Philipp. „Die Raumanzüge passen über unsere Kleider.“

Anne suchte sich den kleinsten Anzug aus, und Philipp nahm den zweitkleinsten. Schnell schlüpften sie in die raschelnden, weißen Kleidungsstücke.

Dann schloss Anne Philipps Sauerstoffflasche an.

„Danke“, sagte er und machte das Gleiche bei ihr.

„Handschuhe?“, fragte Philipp, und sie zogen weiße Handschuhe an.

„Stiefel?“, fragte Anne, und sie zogen jeder ein Paar riesiger weißer Stiefel an.

„Helme?“, fragte Philipp. Er griff nach

einem Helm. „Hey, die sind ja ziemlich leicht!“, sagte er. „Ich habe schon befürchtet, sie wären so schwer wie Ritterhelme!“

Philipp und Anne setzten sich die Helme auf und befestigten sie an den Raumanzügen.

„Ich kann meinen Kopf weder nach rechts noch nach links bewegen“, sagte Anne.

„Ich auch nicht“, bestätigte Philipp. „Und wie geht es mit dem Laufen?“

Philipp und Anne stolperten unbeholfen herum. Philipp kam sich vor wie ein dicker Schneemann.

„Mach dein Visier zu“, sagte Anne.

Sie schlossen beide ihr durchsichtiges Visier. Kühle Luft strömte in Philipps Helm.

„Ich kann atmen!“, rief Anne. Ihre Stimme hallte in Philipps Ohren.

„Schrei nicht so laut!“, sagte er. „Wir haben Sprechfunk in den Helmen.“

„’tschuldigung“, flüsterte Anne.

Philipp steckte das Mond-Buch wieder in den Rucksack, den er sich über die Schulter hängte.

„Los geht's!", sagte er. „Aber denk dran, wir haben nur Luft für zwei Stunden in unseren Flaschen. Also müssen wir uns mit der Suche nach dem vierten Gegenstand echt beeilen!"

„Hoffentlich finden wir ihn!", sagte Anne.

„Das hoffe ich auch", sagte Philipp. Denn er wusste, sie konnten nicht wieder nach Hause reisen, ehe sie den letzten Gegenstand gefunden hatten. Denn erst dann wurde das Pennsylvania-Buch sichtbar, und sie konnten sich nach Hause zurückwünschen.

„Gehen wir!“, sagte Anne. Sie schubste Philipp sanft.

„Pass bloß auf! Keine Rempeleien!“, sagte er. „Wir wollen schließlich nicht mit diesen Anzügen hinfallen!“

„Los, mach schon!“, sagte Anne. Sie schob ihn aus dem Zimmer. Die beiden gingen zurück zu der Luftschleuse.

„Fertig?“, fragte Anne. „Sesam, öffne dich!“ Sie drückte auf den „Öffnen“-Knopf. Eine Tür hinter ihnen schloss sich langsam. Eine andere Tür vor ihnen ging auf.

Philipp und Anne traten hinaus auf den Mond.

Mond-Kaninchen

„Irre!“, sagte Anne. Sie machte einen Schritt nach vorne.

Aber Philipp blieb wie angewurzelt stehen. Er wollte sich zuerst umsehen.

Er starrte vor sich auf den Boden. Er stand in grauem Staub, der so fein war wie Puder.

Überall waren Fußspuren. Philipp fragte sich, wer die wohl gemacht hatte.

Er holte das Mond-Buch aus dem Rucksack. Zu seiner Überraschung fühlte es sich federleicht an.

Er fand ein Bild von Fußstapfen und las:

Auf dem Mond gibt es weder Regen noch Wind, die den Staub durcheinander wirbeln. Deshalb verändern sich Fußspuren nicht – auch nicht nach vielen tausend Jahren.

„Oh, Mann!“, staunte Philipp.

Der Mond war der unglaublichste Ort, den er je gesehen hatte. So still wie ein Bild. Und diese Stille würde niemals enden!

Philipp starrte in den tiefschwarzen Himmel. Eine wunderschöne, blauweiße Kugel leuchtete in der Ferne.

Die Erde!

Zum ersten Mal wurde ihm so richtig bewusst, dass sie im Weltall waren.

„Guck mal!“, schrie Anne lachend.

Sie hüpfte an Philipp vorbei – nein, sie flog fast! Sie landete auf den Füßen und sprang wieder hoch.

„Ich bin ein Mond-Kaninchen!", rief sie.

Philipp lachte. „Wie macht sie das bloß?", dachte er. Er blätterte um und las:

Ein Mensch wiegt auf dem Mond weniger als auf der Erde, weil der Mond eine so geringe Anziehungskraft und keine Atmosphäre hat. Wenn jemand auf der Erde 60 Kilo schwer ist, würde er auf dem Mond nur zehn Kilo wiegen.

„Hey, steh hier nicht rum und lies!", rief Anne. Sie riss Philipp das Buch aus der behandschuhten Hand und warf es in die Luft.

Es schwebte weit weg.

Philipp stürzte hinterher.

Er hüpfte hoch und runter. *Boing!*

Boing! Boing! Jetzt fühlte er sich selbst leicht wie eine Feder.

„Schau doch!“, rief er Anne zu. „Ich bin auch ein Mond-Kaninchen!“

Wo Philipp auftrat, wirbelte der Mondstaub anmutig ins All.

Das Buch war am Rand eines flachen Kraters gelandet.

Philipp hüpfte dorthin und wollte stehen bleiben, um das Buch aufzuheben. Aber er rutschte aus und fiel auf die Seite. Er versuchte aufzustehen – es gelang ihm nicht.

Er nahm noch einen Anlauf. Doch der Mondstaub war zu tief, und in seinem Raumanzug war Philipp zu ungeschickt.

„Ist alles in Ordnung?“, fragte Anne.

„Ich kann nicht aufstehen!“, sagte Philipp.

„Du solltest eben nicht so herumalbern!“, bemerkte Anne altklug.

„Du hast es schließlich zuerst gemacht!“, sagte Philipp. „Jetzt hilf mir bitte wieder hoch! Und fall nicht hin!“

„Keine Angst!“ Anne bewegte sich sehr langsam und vorsichtig. Halb schwebte sie, halb ging sie.

„Gib mir deine Hand“, sagte sie.

Anne ergriff Philipps Hand. Sie drückte ihre Stiefel gegen seine und zog ihn hoch.

„Danke“, sagte er.

„Gern geschehen“, erwiderte Anne. „Das war doch einfach. Du bist ganz leicht!“

„Zum Glück!“, sagte Philipp. „Allein hätte ich nicht aufstehen können.“

Er hob das Mond-Buch auf.

„Hey, sieh nur!“, rief Anne. Sie stand auf dem Rand des Kraters.

Philipp ging zu ihr hinüber. „Was ist das?“, fragte er.

„Ein Mondauto“, erwiderte Anne.

Das Auto parkte in dem Krater. Es hatte vier riesige Räder.

„Komm, wir fahren mal damit!“, schlug Anne vor.

„Das geht doch nicht“, zögerte Philipp. „Wir haben doch nur Luft für zwei Stunden, weißt du nicht mehr?“

„Ich wette, wir finden diesen Gegenstand viel schneller, wenn wir das Mondauto nehmen!“

Anne hüpfte in den Krater hinunter.

„Aber wir können doch gar nicht fahren!“, wandte Philipp ein.

„Ich wette, *damit* kann ich fahren“, behauptete Anne. „Es sieht kinderleicht aus. Komm schon!“

Sie sprang auf den Fahrersitz.

„Aber du hast doch gar keinen Führerschein!“, gab Philipp zu bedenken.

„Das macht doch nichts“, fand Anne. „Hier auf dem Mond gibt es weder Straßen noch Ampeln oder Polizisten.“

„Eigentlich hat sie Recht“, dachte Philipp.

„Fahr aber langsam!“, mahnte er und setzte sich neben seine Schwester.

Anne drückte den Knopf, auf dem „An“ stand.

Der Wagen machte einen Satz rückwärts.

„Oje!“, rief Anne.

„Bremsen!“, schrie Philipp.

Anne drückte ein Pedal, und das Auto kam mit einem Ruck zum Stehen.

„Uff!“, stöhnte sie.

„Das war der Rückwärtsgang!“, vermutete Philipp. „Lass mich hier mal lesen ...“

Doch ehe er irgendetwas lesen

konnte, hatte Anne schon einen anderen Hebel betätigt.

Das Auto kippte nach hinten, und die Vorderräder drehten sich in der Luft.

„Ich will hier raus!“, rief Philipp.

Anne drückte noch mehr Knöpfe.

Die Räder des Autos landeten wieder auf dem Boden, und es machte einen gewaltigen Satz nach vorne.

„Langsamer!“, schrie Philipp.

„Ich weiß nicht, wie!“, rief Anne.

Anne steuerte das Auto vorwärts. Die breiten Reifen verhinderten, dass es im feinen Staub einsank.

„Vorsicht!“, rief Philipp.

Das Auto fuhr aus dem Krater heraus.

Graue Staubwolken wirbelten hinter ihnen auf. Sie begannen ihre Erkundungsfahrt auf dem Mond.

Warte mal!

Anne lenkte das Mondauto über Hügel und durch Krater. Es bockte wie ein Wildpferd.

„Ich fahre jetzt hier durch!“, kündigte sie an und deutete auf eine Öffnung zwischen zwei Hügeln.

Philipp hielt sich am Armaturenbrett fest.

Das Auto rumpelte auf den engen Durchlass zu und schoss hindurch. Auf der anderen Seite war der Boden noch steiniger.

„Halte nach dem Ding mit M Ausschau!“, sagte Anne und hopste auf und ab.

Philipp stöhnte. Bei dieser wilden Fahrt nach irgendetwas Ausschau zu halten war schlichtweg unmöglich.

„Fa... fahr langsamer!“, stotterte er.

„Wie denn?“

„Ver... versuch doch mal zu bre... bremsen – aber vor... vorsichtig!“

Anne trat auf die Bremse.

Das Auto wurde langsamer. Philipp seufzte erleichtert. Er wurde immer noch ziemlich durchgeschüttelt, aber jetzt konnte er sich wenigstens ein bisschen umschauen.

Noch nie zuvor hatte er eine so kahle, farblose Landschaft gesehen. Hier gab es nichts.

Es gab kein Wasser, keine Bäume und keine Wolken.

Nur riesige Felsen und Krater – und die amerikanische Flagge!

„Oh, Mann!“, rief Philipp. „Hier sind die ersten Astronauten auf dem Mond gelandet!“

„Und schau mal dort – ein Teleskop!“, sagte Anne.

Sie fuhr näher an die Fahne und das Teleskop heran. Dann brachte sie das Mondauto zum Stehen.

Sie drückte auf einen Knopf, auf dem „Aus“ stand, und die Geschwister stiegen aus.

Sie machten einen langsamen Riesenschritt hin zum Ort der ersten Mondlandung.

Neben der Flagge war eine Tafel angebracht. Anne las laut vor:

Hier landeten im Juli 1969 Menschen vom Planeten Erde auf dem Mond. Wir kamen in Frieden für die gesamte Menschheit.

„Das ist eine gute Nachricht", fand Philipp.

Er reichte Anne das Mond-Buch und holte dann Notizbuch und Stift heraus, um die Nachricht auf der Tafel abzuschreiben.

„Wir sollten auch eine Nachricht hier lassen!", schlug Anne vor.

„Und was wollen wir schreiben?", fragte Philipp.

„Das Gleiche – nur dass wir die ersten Kinder hier oben sind“, meinte Anne.

Philipp blätterte zu einer neuen Seite in seinem Notizbuch und schrieb in großen Buchstaben, was Anne vorgeschlagen hatte.

„Jetzt müssen wir noch unterschreiben!“, verlangte Anne.

Philipp setzte seinen Namen drunter. Dann reichte er das Notizbuch und den Stift an Anne weiter. Sie unterschrieb und gab das Buch zurück.

Philipp riss die Seite heraus und legte sie neben die Flagge.

Heute waren die ersten Kinder
vom Planeten Erde
auf dem Mond.

Wir kamen in Frieden für
alle Kinder.

Philipp + Anne

Kein Wind würde je ihre Nachricht wegwehen, kein Regen die Buchstaben verwischen.

Das Blatt würde bis in alle Ewigkeiten hier liegen – es sei denn, jemand würde es entfernen.

Als Philipp „bis in alle Ewigkeiten" dachte, wurde ihm ganz schwindlig. Das war so lange, dass er sich das überhaupt nicht vorstellen konnte. Dann fiel ihm ein, dass sie nur für zwei Stunden Luft hatten. Waren die schon vergangen?

„Ich wünschte, ich hätte eine Uhr!", seufzte er. „Vielleicht wird uns die Zeit knapp."

Aber Anne hatte ihm überhaupt nicht zugehört. „Irre!", sagte sie. „Ein Mond-Mann!"

„Was?" Philipp drehte sich zu ihr um.

Anne schaute durch das Teleskop.

Philipp ging rüber zum Teleskop. Anne trat zur Seite, damit er auch durchschauen konnte.

Philipp hielt die Luft an. In der Ferne kam etwas auf sie zugeflogen.

Es sah aus wie ein Riese in einem Raumanzug.

Hochsprung

„Wer ist denn das?“, fragte Philipp.

„Keine Ahnung“, sagte Anne. Sie begann zu winken.

„Nicht!“, rief Philipp. Er packte sie am Arm. „Lass uns zurück zur Basis fahren, ehe er hierher kommt!“

„Wieso?“, fragte Anne.

„Wir wissen schließlich nicht, wer das ist“, erklärte Philipp. „Ob der Mann freundlich oder gefährlich ist ...“

„Aber wir können noch nicht zurück“, widersprach Anne. „Wir haben den vierten Gegenstand noch nicht gefunden. Und ohne den kommen wir nicht nach Hause.“

„Das ist doch egal. Wenigstens können wir die Tür der Mondbasis abschließen, bis er wieder weg ist“, sagte Philipp. „Und wir können uns neue Sauerstoffflaschen holen.“

Philipp lief zum Auto. „Komm schon!“ Er setzte sich auf den Fahrersitz.

Anne winkte dem Punkt in der Ferne noch einmal zu. Dann kletterte sie auch in den Wagen.

Diesmal fuhr Philipp.

Er wendete das Auto, und dann fuhren sie in Richtung Mondbasis davon.

Philipp steuerte um Krater und Felsen herum. Mehr als einmal wäre das Auto beinahe umgekippt.

„Hey, fahr langsamer!“, rief Anne.

Sie hatten den schmalen Pass fast erreicht, als plötzlich eine Staubwolke vor ihnen aufwirbelte. Der Boden erzitterte.

„Vorsicht!“, schrie Anne.

Philipp konnte überhaupt nichts sehen. Er trat auf die Bremse. Das Mondauto blieb abrupt stehen.

Als der Staub sich wieder gesetzt hatte, sahen sie, dass ein riesiger Felsen den schmalen Pass versperrte. Jetzt saßen sie fest. Was sollten sie nun tun?

Philipp holte sein Mond-Buch aus dem Rucksack. In dem Buch fand er ein Bild von einem großen Felsblock. Er las vor:

Felsen jeder Größe fallen aus dem All auf den Mond. Diese Felsen nennt man Meteoriten.

„Wir hatten Glück, dass der Meteorit nicht auf uns gelandet ist!“, sagte Philipp.

„Ja. Ich glaube, er ist zu riesig, als dass er das Ding mit M sein könnte", meinte Anne. Sie kletterte aus dem Wagen und stand jetzt direkt vor dem Meteoriten.

Er war mehr als doppelt so groß wie sie.

Philipp sah sich um. Der fliegende Riese war nirgends zu sehen. Noch nicht.

„Wir müssen über den Felsbrocken springen", sagte Anne.

„Springen?", fragte Philipp. „Das geht nicht. Der ist doch viel zu hoch."

„Ich versuche es trotzdem", sagte Anne entschlossen.

„Warte, lass uns erst einmal überlegen ..."

Aber Anne nahm schon Anlauf.

„Eins, zwei, drei – los!", rief sie. Sie

machte zwei riesige Schritte auf den Meteoriten zu. Dann sprang sie ab.

Sie flog durch die Luft und verschwand hinter dem Meteoriten.

„Anne!“, rief Philipp.

Keine Antwort.

„Oh, Mann!“, seufzte Philipp. Er machte einige Schritte rückwärts, rannte auf den Felsen zu und sprang dann so hoch er konnte.

Er flog durch die Luft.

Als Philipp landete, fiel er kopfüber mit dem Gesicht in den Staub.

Er versuchte aufzustehen, doch sein Raumanzug war zu sperrig. Er wollte sich umdrehen, aber mit dem Raumanzug war selbst das unmöglich.

„Oh, nein!“, stöhnte er. „Nicht schon wieder!“

„Bist du auch hier?“, fragte Anne. „Hast du es geschafft?“

„Ja!“, rief Philipp, erleichtert, ihre Stimme zu hören. Aber er war nicht

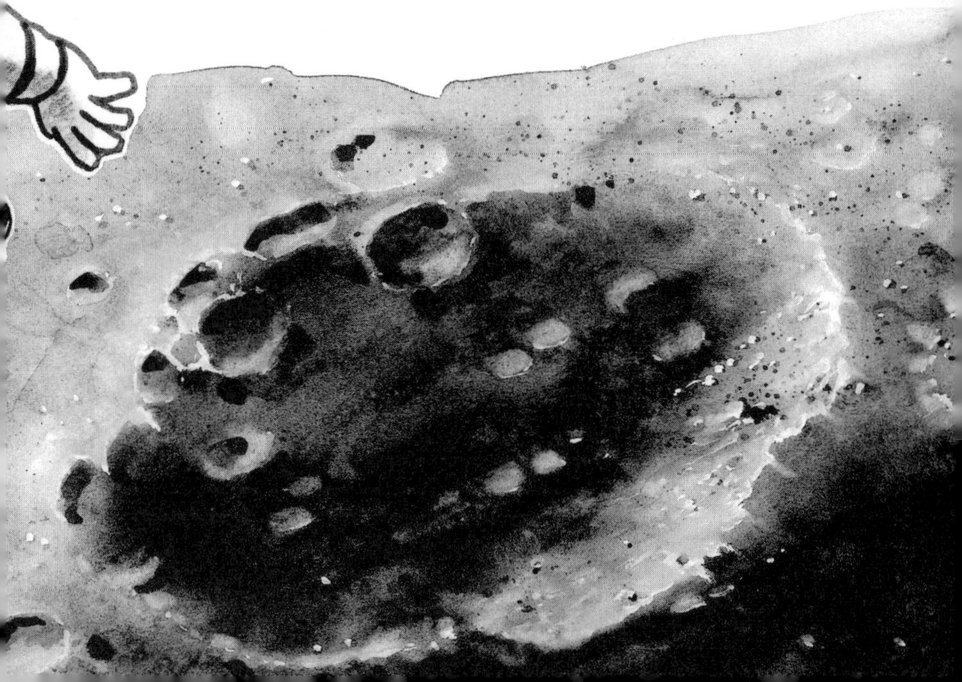

einmal in der Lage, den Kopf zu drehen. Er konnte Anne nur über den Sprechfunk hören.

„Kannst du mir aufhelfen?“, fragte er.

„Geht nicht“, antwortete Anne.

„Warum nicht?“

„Ich bin auch hingefallen“, antwortete sie.

„Oh, Mann!“, seufzte Philipp. „Jetzt sitzen wir aber echt in der Tinte!“

Er versuchte noch einmal, sich aufzurappeln. Es gelang ihm nicht.

„Kannst du etwas sehen?“, fragte er.

„Nur Himmel“, antwortete Anne. „Irre, das ist ja komisch ...“

„Ich mache mir Sorgen wegen unserer Sauerstoffvorräte“, sagte Philipp. „Es ist jetzt bestimmt schon fast zwei Stunden her, dass ...“

„Philipp ...“, sagte Anne.

„Und der Mond-Mann?“, überlegte Philipp weiter. „Wo ist der eigentlich hingeflogen?“

„Philipp“, flüsterte Anne.

„Was denn?“

„Er ist hier!“, sagte sie. „Der Mond-Mann ist hier!“

„Was?“

„Er steht direkt vor mir!“

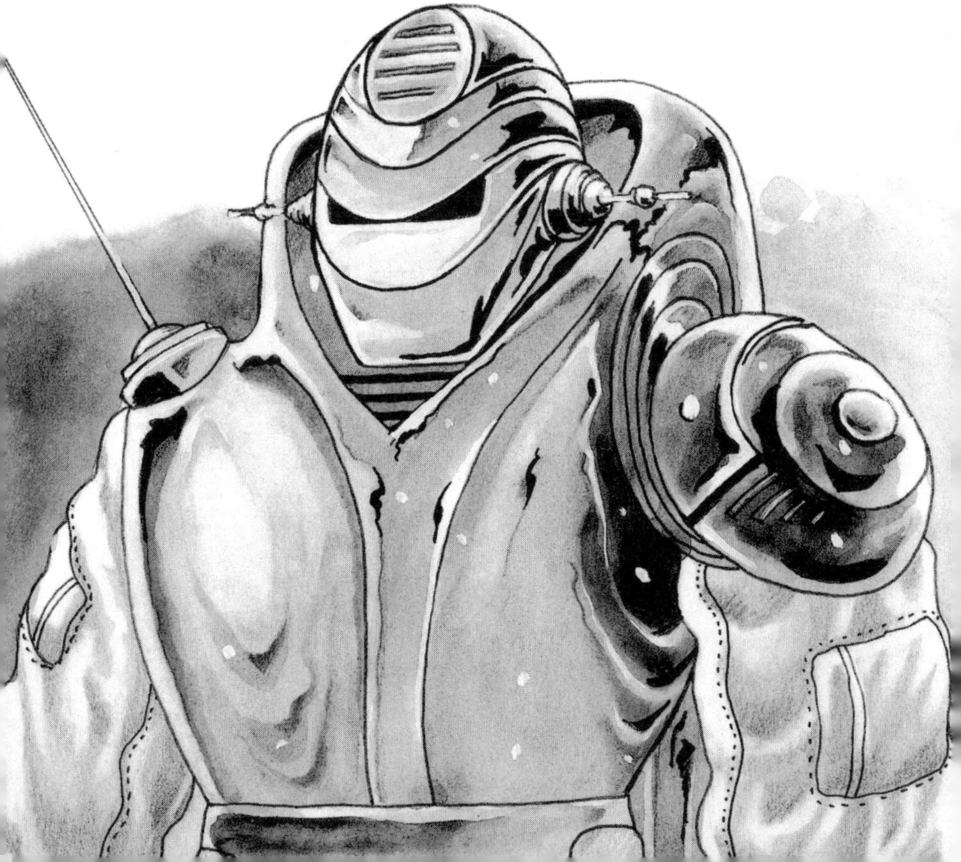

Der Mond-Mann

Philipp blieb fast das Herz stehen.

Dann hörte er Anne wieder sprechen.

„Hallo!“, sagte sie. „Wir kommen in friedlicher Absicht.“

Schweigen. Dann hörte Philipp, wie Anne sagte: „Danke. Jetzt muss ich meinem Bruder aufhelfen.“

Einen Augenblick später rollte Anne Philipp auf den Rücken.

Sie packte ihn an den Händen und zog ihn hoch.

„Danke“, sagte Philipp. Der Mond-Mann war nur wenige Meter entfernt. Sein Gesicht war hinter einem Visier aus Metall nicht zu erkennen.

Er sah aus wie ein Astronaut. Ein wahnsinnig großer Astronaut allerdings. Mit einem riesigen Gerät auf dem Rücken, so groß wie ein Kühlschrank.

„Hey, das ist ja ein Düsentriebwerk auf dem Rücken!“, rief Philipp. „Ich habe Bilder davon gesehen. Die Astronauten in der Zukunft fliegen damit. Es ist wie ein eigener Raketenantrieb, oder?“

Der Mond-Mann gab keine Antwort.

„Ich glaube, er kann uns nicht hören“, sagte Anne. „Er ist nicht an unseren Sprechfunk angeschlossen.“

„Ach so“, sagte Philipp. „Dann schreibe ich ihm eine Nachricht.“

„Gute Idee!“, fand Anne.

Philipp holte sein Notizbuch und den Stift hervor und schrieb:

Wir heißen Philipp und Anne
und kommen aus Amerika.
Und wer sind Sie?

Philipp reichte dem Mond-Mann das Notizbuch und den Stift. In seinen riesigen Händen sahen Stift und Buch winzig aus.

Der Mond-Mann blickte auf Philipps Nachricht. Dann betrachtete er den Stift. Schließlich blätterte er eine Seite im Buch um und schrieb ganz bedächtig etwas auf.

Dann gab er das Notizbuch zurück.

Philipp und Anne betrachteten das Blatt.

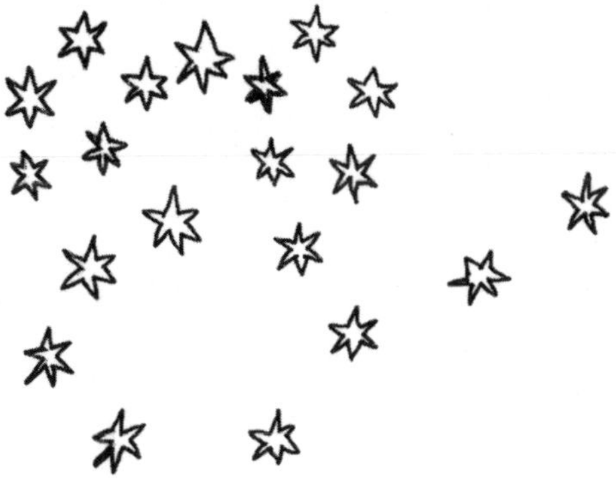

„Sterne“, sagte Anne. „Er hat Sterne gemalt!“

„Vielleicht ist es eine Karte von der Milchstraße?“, überlegte Philipp.

„Eine Milchstraßen-Karte“, wiederholte Anne. „Hey, Philipp! Das fängt mit M an!“

„Stimmt!“, rief Philipp. „Das muss der vierte Gegenstand sein!“

„Komm, wir fragen ihn, was es bedeutet!“, schlug Anne vor. Sie drehte sich um.

„Wir werden es leider nie erfahren“, sagte sie.

„Wieso nicht?“, fragte Philipp und schaute von der Karte hoch.

„Deshalb!“ Anne deutete in die Ferne. Dort flog der Mond-Mann über die Berge.

„Danke!“, schrie Anne ihm hinterher.

Sternbild

„Wer war das?“, fragte Philipp. „Und was hat es mit dieser Karte auf sich?“

„Keine Ahnung!“, sagte Anne. „Lass uns einfach ausprobieren, ob es mit ihr funktioniert.“

Philipp nickte. „Ja, wir machen uns besser schnell auf den Rückweg. Ich habe das Gefühl, dass die Luft knapp wird. Ich kann schon nicht mehr so gut atmen.“

„Ich auch nicht“, sagte Anne.

„Geh langsam, und versuch, nicht so viel zu atmen!“, riet Philipp.

Die beiden Geschwister bewegten sich mit langen, schwebenden

Schritten auf die Mond-Basis zu. Philipp hielt den Atem an, als ob er unter Wasser wäre.

Als sie endlich an der weißen Kuppel ankamen, hatte er das Gefühl, seine Lungen würden gleich platzen. Anne drückte den Knopf neben der großen Tür, und sie ging auf. Sie stürmten in die Luftschleuse. Hinter ihnen schloss sich die Tür, und vor ihnen öffnete sich die Tür zum Gang.

Philipp riss das Visier seines Helms auf und atmete tief ein und wieder aus. „Aaah!“

„Komm, lass uns diese Anzüge ausziehen!“, sagte Anne.

„Gute Idee!“, fand Philipp, der es selbst kaum erwarten konnte, den Raumanzug loszuwerden.

Als sie schwerfällig zurück zum

Lagerraum tapsten, fühlte Philipp sich wieder ganz schwer.

Die beiden Kinder machten einander die Helme, Handschuhe und Stiefel auf und zogen alles aus. Zum Schluss schälten sie sich aus ihren Raumanzügen.

„Uff!“, sagte Philipp. Er setzte seine Brille ab und rieb sich die Augen.

Er war froh, diese Ausrüstung wieder los zu sein – selbst wenn er sich jetzt leider nicht mehr so federleicht fühlte.

„Beeil dich“, rief Anne, „Mimi wartet auf uns.“

Sie liefen den ganzen Weg zurück, die Stufen hinunter und dann in die hell erleuchtete Landekammer.

Philipp war erleichtert, dass das Baumhaus immer noch dort stand. Bald würden sie wieder zu Hause sein. Er konnte es kaum erwarten.

Philipp und Anne kletterten durch das Fenster zurück ins Baumhaus.

„Wir sind wieder da, Mimi!“, rief Anne.

„Quiek!“ Mimi hüpfte auf dem Buchstaben M auf und ab.

„Wir haben dich vermisst!“, sagte

Anne und streichelte die kleine Maus. „Stell dir vor, wir haben einen Mond-Mann getroffen!“

„Tut mir Leid, Mimi“, sagte Philipp. „Du musst mal ein Stückchen zur Seite rutschen, damit wir die Milchstraßen-Karte auf das M legen können.“

Anne hob die Maus hoch.

Philipp riss die Milchstraßen-Karte vorsichtig aus seinem Notizbuch und legte sie zu den anderen drei Gegenständen, die mit M anfingen: neben den Mammut-Knochen, die Mango und den Mondstein.

Er seufzte und blieb in der Hocke sitzen. „Reich mir doch mal das Pennsylvania-Buch!“, bat er. Denn das brauchten sie, um wieder nach Hause zu gelangen.

Anne schwieg. Philipp drehte sich zu ihr um.

„Es funktioniert nicht, Philipp“, sagte sie. „Das Buch ist nicht da.“

„Was? Die Milchstraßen-Karte ist nicht das Richtige?“

Sie sahen sich suchend im Baumhaus um.

„Es ist wirklich nicht da!“, sagte Anne noch einmal.

„Oh nein!“, stöhnte Philipp. Ihm rutschte das Herz in die Hose. Er nahm die Milchstraßen-Karte und starrte darauf.

„Quiek! Quiek!“ Mimi hüpfte aus Annes Arm und lief zurück zu dem Buchstaben M.

„Ich habe eine Idee!“, sagte Philipp. Er suchte in seinem Rucksack und holte seinen Stift hervor.

„Was willst du denn machen?“, fragte Anne.

„Weißt du, wie man ein Sternbild zeichnet?“, fragte Philipp. „Man verbindet einfach alle Sterne. Ich probiere mal aus, was geschieht, wenn ich das tue.“

Er zeichnete eine Linie von einem Stern zum anderen – bis alle Sterne miteinander verbunden waren.

„Zeig mal!“, verlangte Anne.

Philipp drehte das Blatt so, dass sie es beide betrachten konnten.

„Sieht aus wie eine Maus!“, fand Anne.

„Genau!“, bestätigte Philipp.

„Gibt es denn das Sternbild Maus?“, fragte Anne.

„Ich glaube nicht“, sagte Philipp.

„Quiek!“

Anne und Philipp sahen Mimi an, die jetzt auf dem M stand.

„Oh, Mann, Philipp! Ich glaube, ich weiß jetzt, was das vierte Ding sein könnte!“

Philipp grinste. „Ich auch!“, sagte er. „Es ist ...“

„... eine Maus!“, riefen sie beide gleichzeitig.

„Quiek! Quiek!“

„Vielleicht lautet der Zauberspruch ja: ‚Mondstein, Mango, Mammut-Knochen, Maus‘?“, vermutete Anne.

„Komm, lass es uns mal hintereinander sagen und abwarten, was passiert!“

Gemeinsam murmelten sie:

„Mondstein, Mango,
Mammut-Knochen, Maus.
Mondstein, Mango,
Mammut-Knochen, Maus.“

Plötzlich erfüllte ein gleißendes Licht das Baumhaus.

Es wurde heller und immer heller.

Das blendende Licht wirbelte und drehte sich.

Dann war alles wieder normal.

Mimi war verschwunden. Dafür stand Morgan vor Philipp und Anne.

Morgan

„Habt Dank!“, sagte Morgan leise. „Ihr habt den Zauber gebrochen!“

Philipp starrte sie einfach nur an.

„Sie waren Mimi?“, staunte Anne.

Morgan nickte lächelnd.

„Echt? Dann waren Sie also die ganze Zeit über bei uns?“, fragte Philipp. „Auf allen Reisen?“

Morgan nickte wieder.

„Und warum mussten wir dann überhaupt diese letzte Reise machen?“, fragte Philipp. „Wo Sie doch immer bei uns waren?“

„Um den Zauber zu brechen, mussten wir auf dem Mond sein“,

antwortete Morgan. „Aber ihr hättet mich erlösen können, sobald wir hier gelandet waren."

„Ich verstehe ... Das wollte Mimi – ich meine, Sie wollten uns also sagen, dass wir die Mondbasis überhaupt nicht verlassen müssen!", rief Anne.

Morgan nickte lächelnd.

„Und der Mond-Mann, der uns geholfen hat?", fragte Anne. „Er hat diese Maus gezeichnet. Ist er etwa ein Freund von Ihnen?"

Morgan zuckte mit den Schultern. „Ich hatte eine Unterhaltung mit ihm, während ihr unterwegs wart."

„Genau wie Sie mit dem Ninja-Meister eine kleine Unterhaltung hatten, oder?", sagte Philipp. „Und mit dem Affen und dem Zauberer der Höhlenmenschen!"

Morgan nickte. „Ja, ich habe immer mit denjenigen gesprochen, die euch geholfen haben."

„Aber wie konnten die Sie denn verstehen, wo Sie doch eine Maus waren?", fragte Philipp.

„Ein paar kluge Wesen verstehen auch die Sprache der kleinen Tiere", sagte Morgan.

„Dann haben Sie auch die Buchseiten immer aufgeschlagen, um uns zu zeigen, wohin wir als Nächstes reisen sollen, oder?", fragte Anne.

Morgan nickte.

„Aber wer hat Sie überhaupt in eine Maus verwandelt?“, wollte Anne wissen.

Morgan runzelte die Stirn. „Ein gewisser Zauberer, der mir immer wieder Streiche spielt“, antwortete sie. „Sein Name ist Merlin.“

„Merlin!“, staunte Philipp. „Der größte Magier aller Zeiten!“

Morgan schnaubte verächtlich. „Er ist gar nicht so großartig!“, sagte sie. „Er weiß ja nicht einmal, dass ich zwei mutige Freunde habe, die mir helfen!“

„Meinen Sie uns?“, fragte Anne schüchtern.

Morgan nickte. „Und ich danke euch von ganzem Herzen!“

„Das haben wir wirklich gerne getan!“, sagten Anne und Philipp.

Morgan reichte Anne das Pennsylvania-Buch.

„Bereit für die Heimreise?“, fragte sie.

„Ja!“, riefen die Geschwister.

Anne deutete auf das Bild vom Wald von Pepper Hill. „Ich wünschte, wir könnten dort sein!“, sagte sie.

Das Baumhaus begann sich zu drehen.

Es drehte sich schneller und schneller und immer schneller.

Dann war alles wieder still.

Totenstill.

Aber nur für einen Augenblick.

Zurück auf der Erde

Der mitternächtliche Wald erwachte zum Leben.

Eine Brise raschelte in den Blättern.

Eine Eule rief.

Die Geräusche waren zwar leise, aber sehr lebendig.

Philipp öffnete die Augen und rückte seine Brille zurecht.

Er lächelte. Morgan war immer noch bei ihnen. Sie stand hoch aufgerichtet im Mondlicht. Ihr langes, weißes Haar glänzte.

„Morgan, können Sie mit dem Baumhaus nicht einfach hier bleiben?“, fragte Anne. „Hier in Pepper Hill?“

„Nein, ich fürchte, ich muss wieder fort“, sagte die Fee. „Ich war schon so lange nicht mehr in Camelot, am Hofe von König Artus!“

Sie reichte Philipp seinen Rucksack und strich ihm über die Wange.

Ihre Hand war weich und kühl.

„Da war ein wenig Mondstaub“, sagte sie. „Noch einmal herzlichen Dank – auch dafür, dass du so wissbegierig bist!“

„Gern geschehen!“, sagte Philipp.

Morgan wuschelte liebevoll durch Annes Haare.

„Und du, Anne, hab Dank für deinen unerschütterlichen Glauben an das Unmögliche!“

„Gern geschehen“, murmelte Anne.

„Und jetzt: Ab nach Hause mit euch!“, sagte Morgan.

Philipp lächelte. Zu Hause, das war dieser bunte, helle Planet, auf dem es so viel Leben gab.

„Tschüss, Morgan!“, sagte Anne und kletterte aus dem Baumhaus.

Philipp sah Morgan an.

„Werden Sie bald wieder zurückkommen?“, fragte er.

„Alles ist möglich, Philipp“, antwortete sie. „Das Universum ist voller Wunder, oder?“

Er nickte lächelnd.

„Geh jetzt“, flüsterte Morgan.

Philipp kletterte auch nach unten.

Wind kam auf.

Der Baum begann zu zittern.

Ein lautes Geheul erfüllte die Luft. Philipp kniff die Augen zusammen und hielt sich die Ohren zu.

Dann war alles still.

Philipp machte die Augen wieder auf.

Die Leiter war weg. Er sah hinauf ins Blätterdach. Wo vorhin noch das Baumhaus war, fiel jetzt das glänzende Mondlicht auf die Zweige.

„Tschüss, Morgan“, flüsterte Philipp.

„Tschüss, Mimi“, flüstert Anne.

Die Geschwister starrten lange nach oben in die Blätter der alten Eiche.

„Sollen wir gehen?“, fragte Anne nach einer Weile.

Philipp nickte.

Sie machten sich auf den Heimweg.

Die nächtliche Luft war kühl und feucht. Und sie war erfüllt von den leisen Geräuschen des Erdenlebens.

Philipp und Anne traten aus dem Wald und gingen ihre Straße entlang. Anne blickte hinauf in den Himmel. „Der Mond sieht jetzt wieder sehr weit weg aus."

„Stimmt", dachte Philipp, „das ist er ja auch!"

„Ob der Mond-Mann ganz allein dort oben ist?", fragte Anne.

„Wieso?", fragte Philipp zurück.

„Na, wer hilft ihm beim Anziehen seines Raumanzuges?", fragte Anne. „Und wer hilft ihm, wenn er umfällt?"

„Und wer ist er überhaupt? Wahrscheinlich ein Wissenschaftler oder ein Astronaut von der Erde!", vermutete Philipp.

„Das glaube ich nicht“, widersprach Anne. „Er ist bestimmt ein Außerirdischer aus einer anderen Galaxie.“

Philipp schnaubte. „Und woher willst du das wissen?“, fragte er.

„Das habe ich im Gefühl!“, antwortete Anne.

„Unsinn! Es gibt keine Beweise dafür, dass es Außerirdische gibt!“, erklärte Philipp.

„Vielleicht nicht“, gab Anne zu. „Aber vergiss nicht, dass wir eben in der Zukunft waren.“

„Oh, Mann!“, seufzte Philipp.

Sie überquerten den Hof und schlichen auf Zehenspitzen ins Haus.

Ehe Philipp die Tür zumachte, warf er noch einen Blick auf den Mond.

„Ob Anne vielleicht Recht hat?“, dachte er. „Kann es wirklich sein, dass

der Mond-Mann aus einer anderen Galaxie war?“

Er erinnerte sich an Morgans Worte: „Das Universum ist voller Wunder.“

„Gute Nacht, Mond-Mann!“, flüsterte Philipp und schloss die Tür hinter sich.

Für Wil und Melanie Aiken

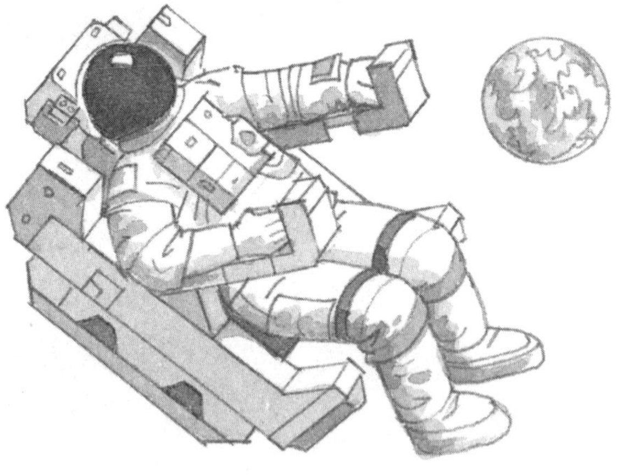

Will Osborne und Mary Pope Osborne

Forscherhandbuch Weltall

Illustriert von Sal Murdocca und Rooobert Bayer

Aus dem Amerikanischen
übersetzt von Anne Emmert

1 Astronomie

Das Weltall fasziniert die Menschen schon seit Urzeiten.

Die Steinzeitmenschen zeichneten den Sternenhimmel auf die Wände ihrer Höhlen. Die alten Ägypter glaubten an Sonnen- und Mondgottheiten. Im alten China baute man hohe Türme, um den Himmel aus größerer Nähe beobachten zu können.

Nach und nach gingen die Menschen dazu über, aufzuschreiben, was sie am Himmel beobachteten. Sie gaben den Planeten Namen. Sie zeichneten Sternkarten. Sie hielten fest, wie sich der Himmel von Monat zu Monat und von Jahr zu Jahr veränderte.

Kalender der Azteken

Die ersten Kalender beruhten auf Veränderungen, die die Menschen am Himmel beobachteten.

Das Wort <u>Astronomie</u> kommt aus dem Griechischen. Es bedeutet „Benennung der Sterne“.

Die Erforschung des Himmels entwickelte sich zur ersten Wissenschaft. Man bezeichnet sie als *Astronomie*.

Ptolemäus

Ptolemäus
100–160 n. Chr.

Vor fast 2 000 Jahren verfasste der griechische Naturforscher Ptolemäus als Erster astronomische Bücher. Darin beschrieb er, wie sich seiner Erkenntnis nach die Sterne und Planeten am Himmel bewegten.

Ptolemäus hielt die Erde für den Mittelpunkt der Welt. Die Sonne, die Sterne und alle anderen Himmelskörper, so meinte er, wanderten um die Erde.

Über tausend Jahre lang glaubten alle, dass Ptolemäus Recht hatte. Niemand ahnte, dass sein Weltbild falsch war.

Kopernikus

Nikolaus Kopernikus war ein polnischer Astronom. Er lebte fast 1400 Jahre nach Ptolemäus.

Kopernikus
1473–1543 n. Chr.

Kopernikus beschäftigte sich lange mit den Vorstellungen des Ptolemäus. Er wusste, dass etwas damit nicht stimmte.

Kopernikus fand heraus, dass nicht die Sonne um die Erde kreist. Es ist genau anders herum! Die Erde und die übrigen Planeten kreisen um die Sonne.

Kopernikus befürchtete, dass seine Erkenntnisse bei den Leuten nicht gut ankommen würden. Daher wartete er bis kurz vor seinem Tod. Erst dann brachte er sein Buch heraus, in dem er schrieb, dass Ptolemäus Unrecht hatte.

Kopernikus' Befürchtungen waren berechtigt. Die Menschen waren empört, als sie sein Buch lasen. Sie glaubten lieber, dass die Erde der Mittelpunkt der Welt ist.

So was! Kopernikus starb kurz nachdem sein Buch erschienen war.

Jahrelang war es verboten, Kopernikus' Ideen auch nur auszusprechen. Die wenigen, die seiner Meinung waren, behielten das lieber für sich.

Galileo

Einer von ihnen war der italienische Astronom Galileo Galilei. Er hatte Kopernikus' Buch gelesen und war sich sicher, dass er Recht hatte.

Galileo 1564-1642

Eines Tages hörte er von einer neuen Erfindung: dem Fernrohr.

Damit konnte man Dinge betrachten, die weit weg waren.

Galileo konnte es nicht fassen, dass noch niemand den Himmel mit dem Fernrohr beobachtet hatte! Er war von der Idee so begeistert, dass er sich sein eigenes Fernrohr baute.

Die ersten Fernrohre benutzte man vor allem im Krieg.

Galileos Fernrohr

Als Galileo zum ersten Mal durch sein Fernrohr in den Nachthimmel blickte, war die moderne Astronomie geboren.

Galileo sah die Ringe um den Planeten Saturn.

Saturn

Er sah die Monde, die um den Planeten Jupiter kreisen.

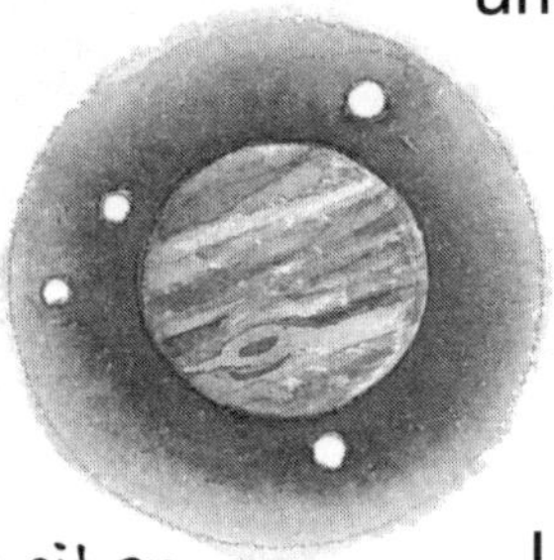
Jupiter

Er sah, dass der Planet Venus scheinbar seine Form verändert, genau wie unser Mond.

Und er sah, dass es Millionen von Sternen gibt, viel mehr, als man je vermutet hatte.

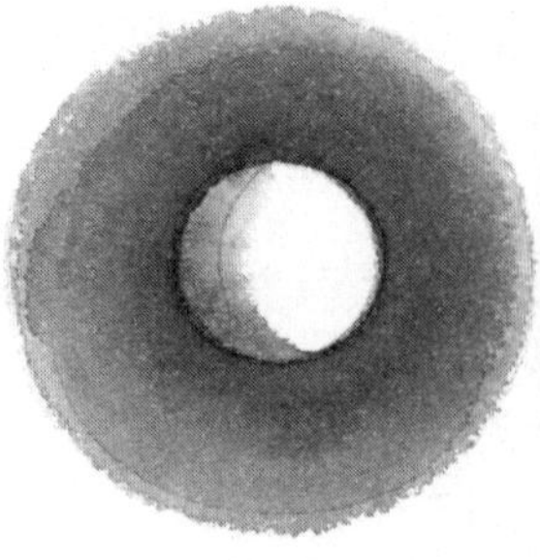
Venus

Je länger Galileo den Himmel beobachtete, desto klarer wurde ihm, dass die

Erde nicht der Mittelpunkt der Welt sein konnte.

30 Jahre lang erforschte Galileo den Himmel. Er schrieb viele Bücher über seine Beobachtungen. Gegen Ende seines Lebens wurde er verhaftet, weil er sein Wissen an andere weitergab. Kurz vor seinem Tod schrieb er noch sein wichtigstes Buch.

Sir Isaac Newton

Isaac Newton war ein englischer Naturwissenschaftler. Für sein *Gesetz der Schwerkraft* wurde er berühmt. Die Schwerkraft ist eine unsichtbare Kraft, die auf der Erde alles in Richtung Boden zieht. Ohne Schwerkraft würden wir davonschweben!

Nach Newtons Ansicht sorgt die Schwerkraft dafür, dass der Mond um die Erde wandert. Er vermutete, dass auch die Sonne Schwerkraft ausübt. Das würde erklären, warum die Erde und die anderen Planeten um die Sonne kreisen und nicht ins All abdriften.

Eine Theorie ist in der Naturwissenschaft eine noch nicht bewiesene Lehre.

Newtons Gesetz der Schwerkraft ist es zu verdanken, dass die Menschen die *Theorien* des Kopernikus und des Galileo verstanden und anerkannten.

Frühe Astronomen

Ptolemäus

Kopernikus

Galileo

Newton

Ein großer Irrtum

Kopernikus, Galileo und Newton waren dem Geheimnis des Weltalls auf der Spur. Aber in einem wichtigen Punkt irrten sie sich. Alle drei glaubten, dass im Weltall alles um die Sonne kreist. Doch das stimmt nicht.

Seither haben die Astronomen viel dazugelernt. Heute wissen sie, dass die Sonne nicht der Mittelpunkt der ganzen Welt ist, sondern einer von Trilliarden von Sternen. Und sie wissen, dass das Weltall unvorstellbar groß ist und dass die Erde darin nur ein winziges Pünktchen ist.

Anne und Philipp stellen vor: Fernrohre damals und heute

Hans Lippershey erfand im Jahr 1608 das Fernrohr. Lippershey war ein niederländischer Brillenmacher. Er soll auf die Idee gekommen sein, als er seine Kinder mit den Linsen für seine Brillen spielen sah.

Sir Isaac Newton entwickelte ein Fernrohr mit Spiegeln statt Linsen, mit dem man noch viel weiter ins All sehen konnte.

Newtons Fernrohr

Ein Fernrohr mit Hohlspiegeln bezeichnet man als Spiegelteleskop.

Das *Weltraumteleskop Hubble* fährt durchs All. Es sendet Bilder von Planeten und Sternen an Computer auf der Erde. Mit dem Hubble-Teleskop sieht man Himmelskörper, die viele Milliarden Kilometer entfernt sind.

Das Weltraumteleskop Hubble ging 1990 ins All.

Das *VLT* ist das größte Teleskop der Erde. Es besteht aus vielen Teleskopen, die über Computer miteinander verbunden sind.

Wenn das VLT erst einmal ganz fertig ist, wird man damit einen Menschen erkennen können, der uns vom Mond aus zuwinkt!

Das VLT wird in Chile errichtet.

2

Das Weltall

Das *Weltall* umfasst alles, was es gibt: die Sonne, die Erde und die anderen Planeten, die Sterne und den Raum zwischen ihnen. Es gibt dort Staub und Gestein und Eis und Gase. Zum überwiegenden Teil besteht das Weltall aber aus Leere – unendlich vielen Kilometern leeren Raums.

So entstand das Weltall

Das Weltall entstand vor so langer Zeit, dass niemand genau weiß, wie.

Heute gehen die meisten Astronomen

davon aus, dass eine gewaltige Explosion das Weltall hervorbrachte. Das war der Urknall. Der Urknall hat vor ungefähr 15 Milliarden Jahren stattgefunden.

Beim Urknall geschahen zwei Dinge:

Millionen, Milliarden und Billionen

Das Weltall ist riesig groß. Wir brauchen gewaltige Zahlen, wenn wir die Entfernungen und die Anzahl der Sterne im Weltall beschreiben wollen.

Wie viel ist eine Million?

Eine Million Murmeln passen in ein kleines Auto!

Erstens bildete sich der Stoff, aus dem alles im Weltall entstand. Zweitens begann das Weltall sich auszudehnen. Es wuchs in alle Richtungen und bewegte sich dabei immer weiter vom Ort des Urknalls weg.

Das Weltall dehnt sich immer noch aus!

Wie viel ist eine Milliarde?

Eine Milliarde Murmeln passen in ein zweistöckiges Haus!

Wie viel ist eine Billion?

Mit einer Billion Murmeln ist ein riesiges Fußballstadion voll gestopft bis unters Dach!

Das Weltall dehnte sich nach dem Urknall blitzschnell aus. Im Augenblick der Explosion war das gesamte Weltall kleiner als ein Stecknadelkopf. Innerhalb einer Sekunde war es Milliarden Mal größer als die Erde.

Nach dem Urknall bestand das Weltall viele Milliarden Jahre lang aus ungeheuer heißem Gas. Während sich das All ausdehnte, kühlte das Gas ab, und einige Gasteilchen blieben aneinander haften. Die Gashäufchen wuchsen zu riesigen Feuerbällen an. Aus diesen heißen Gasbällen entstanden die ersten Sterne.

Entstehung des Weltalls

Urknall

Das Weltall dehnt sich aus

Es entstehen Gasbälle

Aus den Gasbällen werden Sterne

Sterne und Galaxien

Wenn wir nachts den Himmel beobachten, sehen wir nur ein paar der Sterne, die es im Weltall gibt. Selbst in einer klaren Nacht erkennt man ohne Fernrohr nur rund 2000 Sterne. Nach Ansicht der Astronomen gibt es im Weltall aber 10 Trilliarden Sterne!

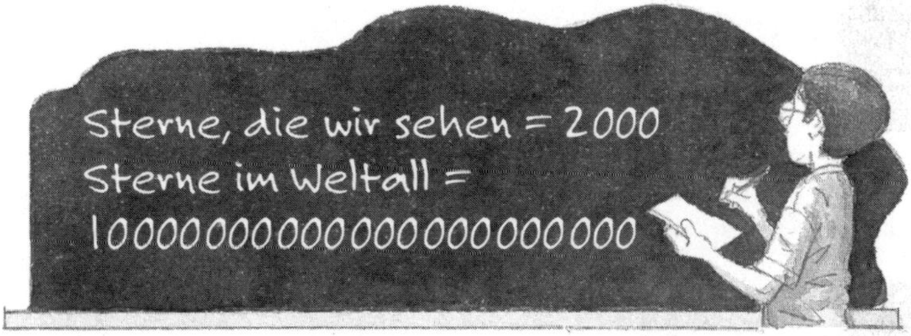

Die Sterne bilden Galaxien. Die meisten Galaxien enthalten mehrere hundert Milliarden Sterne.

Die Sterne, die wir sehen, gehören alle zur *Milchstraße*. Diese Galaxie umfasst über 200 Milliarden Sterne. Einer davon ist unsere Sonne.

Manche Sterne sind kleiner als die Erde. Andere sind 300-mal größer als die Sonne!

Lichtjahre

Die Astronomen messen Entfernungen im Weltall in *Lichtjahren*. Ein Lichtjahr ist die Entfernung, die das Licht im All in einem Jahr zurücklegt. Das sind 9,463 Billionen Kilometer.

Die Sonne ist der Stern, welcher der Erde am nächsten liegt. Von der Sonne zur Erde braucht das Licht rund acht Minuten. Der nächste Stern ist *Proxima Centauri*. Von ihm aus braucht das Licht rund vier

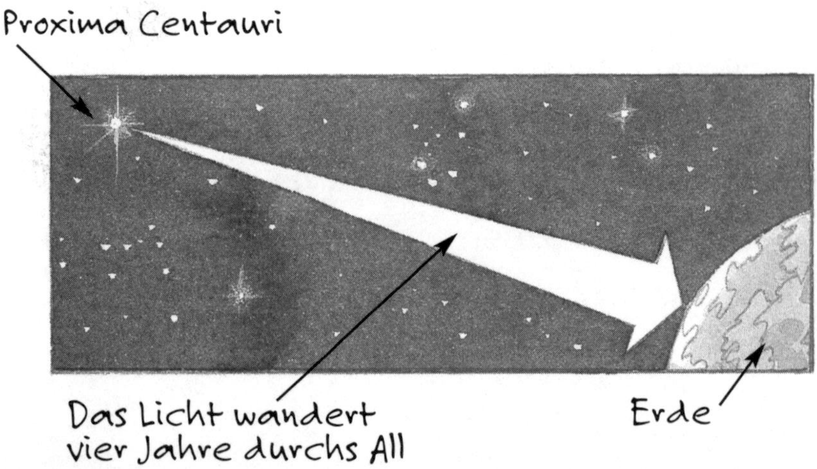

Jahre zur Erde! Die Astronomen sagen daher, Proxima Centauri sei vier Lichtjahre entfernt.

Das Licht von weiter entfernten Sternen braucht Milliarden von Jahren bis zur Erde. Wenn das Licht hier ankommt, ist der Stern bereits Milliarden von Jahren älter als zu dem Zeitpunkt, da er es abstrahlte. Wir sehen also die Sterne so, wie sie einmal waren! Wenn wir den Sternenhimmel betrachten, blicken wir in die Vergangenheit.

3

Die Sonne

Die Sonne ist ein Stern wie alle anderen Sterne am Himmel. Sie wirkt nur größer und heller, weil sie der Erde viel näher ist.

Die Sonne ist rund 149 Millionen Kilometer von der Erde entfernt. Der nächste Stern ist 40 Billionen Kilometer entfernt!

Die Sonne ist ein mittelgroßer Stern. Ihr Durchmesser beträgt 1 400 000 km. Verglichen mit der Erde ist das riesig!

Die Erde hätte über eine Million Mal in der Sonne Platz.

Der <u>Durchmesser</u> ist eine Linie durch den Mittelpunkt eines Kreises oder einer Kugel.

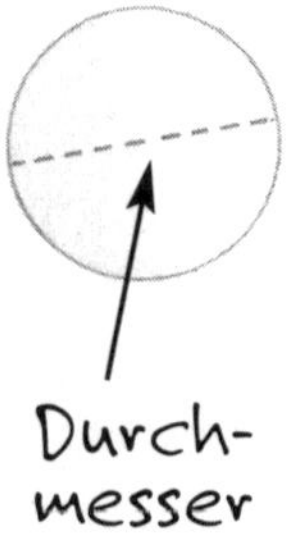

Wärme und Licht

Den Mittelpunkt der Sonne bezeichnet man als *Kern*. Der Sonnenkern gleicht einem gewaltigen Ofen. Doch die Sonnenwärme stammt von keinem gewöhnlichen Feuer. Kein Feuer der Welt würde die Erde aus 149 Millionen Kilometern mit Wärme versorgen!

Die Wärme im Sonnenkern entsteht aus der *Kernfusion*. Du kannst sie dir wie Millionen kleiner Explosionen gleichzeitig vorstellen, die ungeheuer viel Energie hervorbringen.

Die Energie wandert vom Kern zur Oberfläche der Sonne. Dort angekommen, schießt sie in Form von Wärme und Licht ins All.

Sonnenflecken, Filamente und Sonneneruptionen

Die Sonne hat keine feste Oberfläche wie die Erde, sondern besteht aus Gas. Wie kochendes Wasser in einem Topf ist sie daher ständig in Bewegung.

Häufig sieht man auf der Sonnenoberfläche *Sonnenflecken*. Sie erscheinen dunkler, weil sie nicht so heiß sind wie der Rest der Oberfläche.

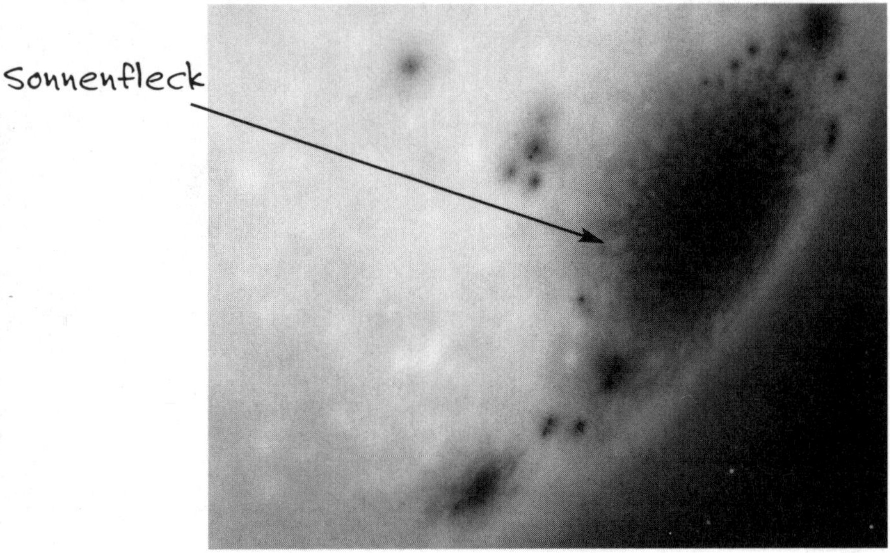

Ein einziger Sonnenfleck ist meist viel größer als die Erde.

Über den Sonnenflecken ereignen sich manchmal gewaltige Licht- und Wärmeausbrüche. Das sind *Filamente*. Sie sind doppelt so heiß wie der Rest der Sonnenoberfläche. Daher sehen sie viel heller aus.

Sonnenflecken und Filamente können mit ihrer Energie den Radio- und Fernsehempfang auf der Erde stören.

Bei einer *Sonneneruption* wird Gas ins All geschleudert. Viele Eruptionen haben die Form einer Schleife. Sie dauern mindestens ein paar Stunden, meist mehrere Wochen.

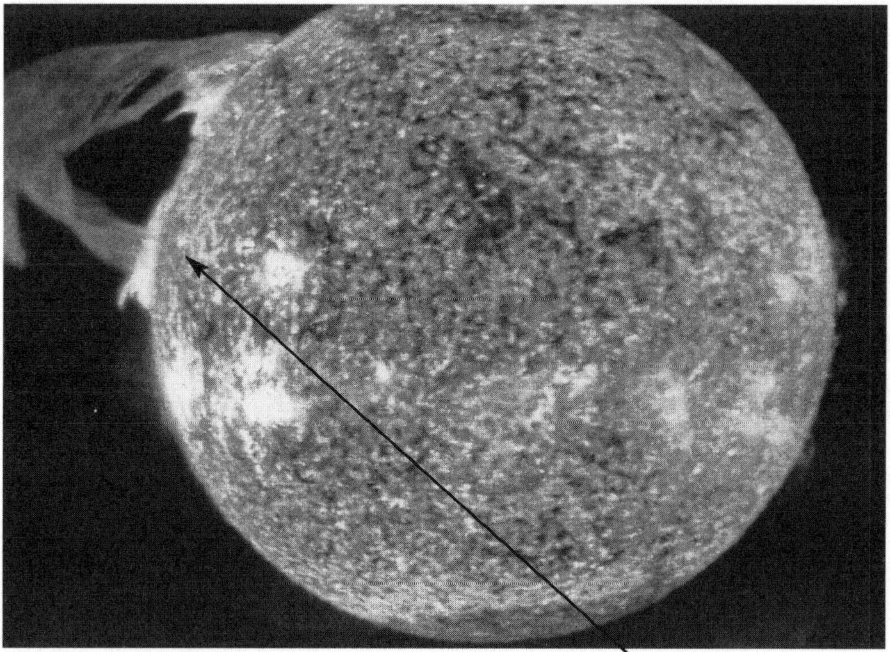

Die meisten Sonneneruptionen sind so groß, dass die Erde mehr als zehnmal darin Platz hätte!

Das Leben der Sonne

Einen Stern wie unsere Sonne bezeichnen die Astronomen als *Gelben Zwerg*.

Mit der Zeit wird die Sonne immer größer, kühlt dabei ab und wechselt die Farbe. Sie verwandelt sich in einen *Roten Riesen*.

Roter Riese

Danach schrumpft sie wieder, bis sie etwa so groß ist wie die Erde. Dann ist sie ein *Weißer Zwerg*.

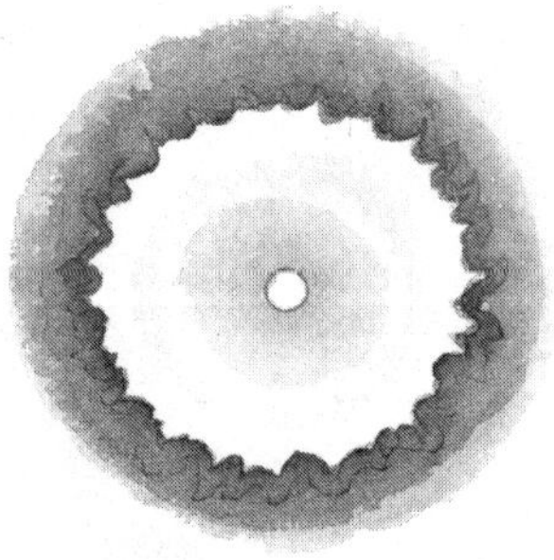
Weißer Zwerg

Als Weißer Zwerg verliert sie nach und nach alle Wärme und alles Licht. Aber keine Angst! Die Astronomen sagen, das geschieht erst in fünf Milliarden Jahren!

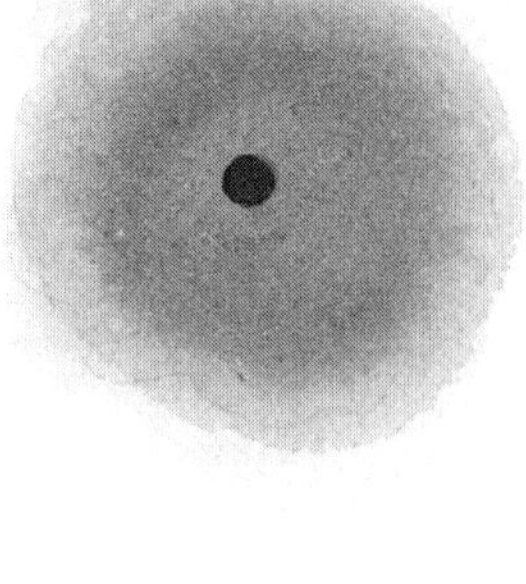

Die Bedeutung der Sonne

Ohne die Sonne gäbe es kein Wetter. Ohne die Sonne gäbe es weder Wind noch Wolken noch Regen.

Ohne die Sonne gäbe es keine Pflanzen und Tiere. Es gäbe auf der Erde überhaupt kein Leben.

Ohne die Sonne wäre die Erde ein kalter, dunkler Felsbrocken im Weltall.

Die Sonne ist einer von Trilliarden Sternen. Doch sie ist unser Stern. Sie ist der Mittelpunkt unseres winzigen Teils des Weltalls.

Sonnenfinsternis

Auf seiner Reise um die Erde verdeckt der Mond manchmal das Licht der Sonne. Man spricht dann von einer *Sonnenfinsternis*.

Bei einer Sonnenfinsternis wird es mitten am Tag stockdunkel.

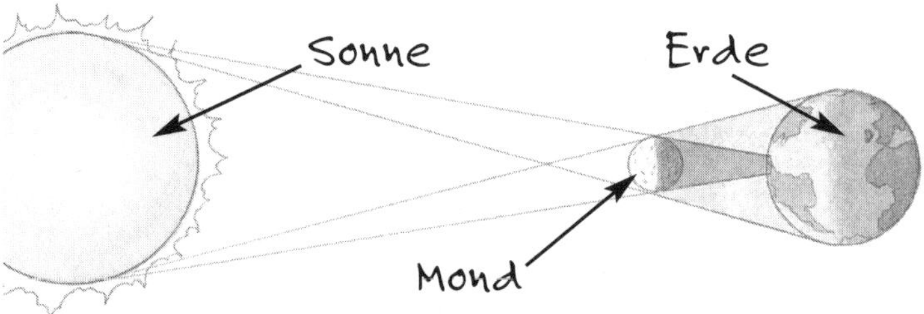

Wenn der Mond die Sonne vollständig verdeckt, ist das eine *totale Sonnenfinsternis*.

Viele alte Völker fürchteten sich bei einer Sonnenfinsternis. Im alten China dachten die Menschen, ein Drache würde die Sonne verschlingen!

Totale Sonnenfinsternis am
16. Februar 1980 in Konarak, Indien

Manche Planeten sind in Wirklichkeit
weiter weg, als es auf dem Bild aussieht.
Auch die Größenverhältnisse stimmen
nicht ganz. Die Planeten würden
sonst nicht alle auf das
Bild passen.

4

Unser Sonnensystem

Unseren Teil des Weltalls nennt man unser *Sonnensystem*. Es besteht aus der Sonne und allen Himmelskörpern, die um sie kreisen.

So entstand das Sonnensystem

Wie alle Sterne ging auch die Sonne aus einer Staub- und Gaswolke hervor. Die meisten Astronomen meinen, dass alle Himmelskörper unseres Sonnensystems aus der gleichen Wolke entstanden sind.

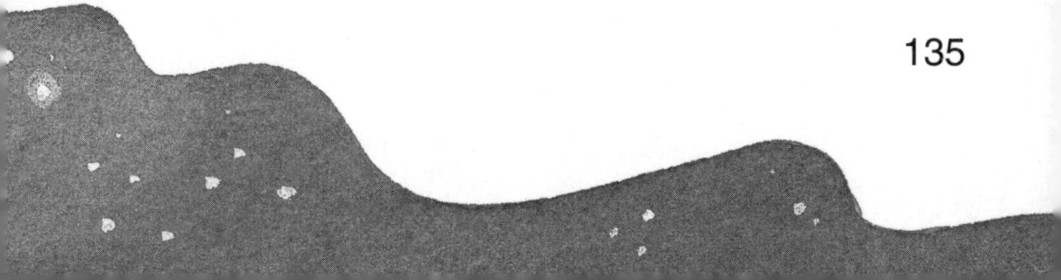

Ein Partikel ist ein winziges Teilchen.

Diese Wolke wirbelte um die soeben entstandene Sonne. Dabei stießen Staubpartikel zusammen, hafteten aneinander und bildeten kleine Klumpen. Die Klumpen wuchsen immer weiter an und wurden zu Planeten, Monden, Asteroiden, Kometen und Meteoroiden. Das sind die Himmelskörper unseres Sonnensystems.

Unser Sonnensystem

Sonne

Planeten

Monde

Asteroiden

Kometen

Meteoroiden

Jeder Himmelskörper unseres Sonnensystems wandert auf einer bestimmten

Umlaufbahn um die Sonne. Die Schwerkraft der Sonne sorgt dafür, dass jeder auf seiner Umlaufbahn bleibt und verhindert, dass einer ins All abdriftet.

Die Planeten

Die *Planeten* sind, abgesehen von der Sonne, die größten Himmelskörper unseres Sonnensystems. Einige Planeten bestehen wie die Erde aus festem Gestein. Andere sind große Gasbälle.

Die Planeten umkreisen die Sonne unterschiedlich schnell. Die Dauer einer Sonnenumrundung bezeichnet man als das *Jahr* des Planeten.

Der Planet dreht sich wie ein Kreisel.

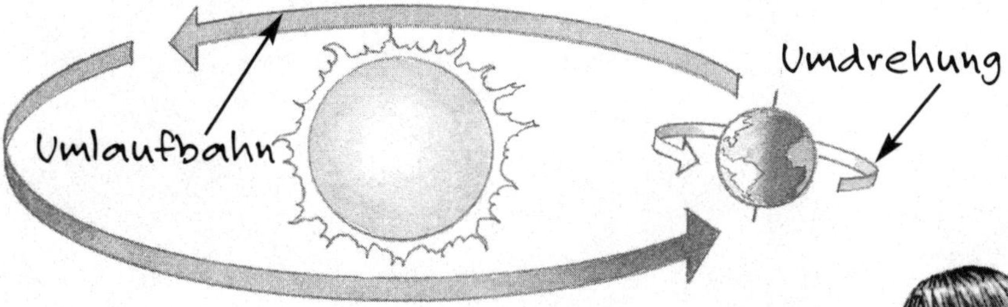

Selbst wenn du ruhig auf deinem Stuhl sitzt, bist du in zwei Richtungen unterwegs!

Bei ihrer Reise um die Sonne drehen sich die Planeten gleichzeitig um sich selbst. Eine Umdrehung nennt man den *Tag* des Planeten.

Bis auf zwei haben alle Planeten unseres Sonnensystems einen oder mehrere Monde.

Monde

Viele Planeten haben Monde. Ein Mond besteht aus Gestein. Er umkreist den Planeten wie der Planet die Sonne. Die Schwerkraft des Planeten hält den Mond auf seiner Umlaufbahn.

Der Jupiter mit einem seiner Monde

Asteroiden

Asteroiden sind Felsbrocken im All. Die größeren haben etwa die Ausmaße eines Berges auf der Erde. Die kleinsten sind so groß wie ein Kieselstein.

Die Milliarden Asteroiden des Asteroidengürtels zusammengenommen sind immer noch kleiner als unser Mond.

Der Asteroid Ida ist recht groß. Er hat einen eigenen Mond.

Ein paar Asteroiden haben ihre Umlaufbahn in der Nähe der Sonne. Die meisten jedoch drängen sich in einer großen Gruppe zwischen den Planeten Mars und Jupiter. Diese Gruppe bezeichnet man als *Asteroidengürtel*.

Kometen

Kometen bestehen aus Eis und Staub. Die meisten Kometen wandern weit von uns entfernt um die Sonne. Nur wenige sind so nah, dass wir sie von der Erde aus ohne Fernrohr sehen können.

In der Wärme der Sonne verdampfen Gas und Staub des Kometen und werden als so genannter Schweif sichtbar. Der Schweif eines Kometen kann mehrere Millionen Kilometer lang sein.

Der Halleysche Komet, 1986

Nach Ansicht vieler Wissenschaftler starben die Dinosaurier aus, als vor rund 65 Millionen Jahren ein gewaltiger Komet oder Asteroid auf der Erde einschlug.

Meteoroiden

Meteoroiden sind kleine Brocken aus Gestein oder Staub. Die Erde trifft auf ihrer Reise um die Sonne auf Millionen solcher Meteoroiden. Die meisten verglühen, wenn sie in die Erdatmosphäre eintreten. Die größeren sieht man als *Sternschnuppen* am Himmel. Man bezeichnet sie als *Meteore*. Wenn sich in einem Teil des Nachthimmels die Meteore häufen, spricht man von einem *Meteorregen*.

Die Erdatmosphäre ist eine unsichtbare Hülle aus Sauerstoff und anderen Gasen, die die Erde umgeben.

Meteore bezeichnet man im Volksmund als Sternschnuppen. Aber es sind natürlich keine Sterne!

Manchmal verglüht ein Meteoroid nicht, sondern erreicht die Erdoberfläche. Man bezeichnet ihn dann als *Meteorit*.

Dieser Meteorit wiegt 34 Tonnen. Er schlug vor 10 000 Jahren in Grönland ein.

Manche Meteoriten sind sehr groß. Doch die meisten sind so klein wie ein Staubkorn. Tag für Tag fallen mehrere hundert Tonnen Meteoritenstaub auf die Erde. Wenn du dein Zimmer fegst, landet vielleicht ein winziges Staubteilchen aus dem All in deiner Kehrschaufel!

Eine Tonne sind 1000 Kilogramm.

Auf den nächsten Seiten erfährst du mehr über die Planeten unseres Sonnensystems.

Unser Sonnensystem

Merkur

Benannt nach dem römischen Götterboten.
Durchmesser: 4 878 Kilometer
Temperatur: -180 °C bis +460 °C

Der Merkur wandert sehr schnell um die Sonne. Ein Merkur-Jahr dauert nur knapp drei Monate auf der Erde!

Das Jahr mag auf dem Merkur kurz sein, doch die Tage sind elend lang! Das liegt daran, dass der Merkur sich auf seiner Reise um die Sonne nur ganz langsam um sich selbst dreht. Ein Tag auf dem Merkur dauert bis zu 176 Erdentage – fast sechs Monate! Der Merkur ist ein trockener Felsplanet. Wie unser Mond ist er von Kratern übersät.

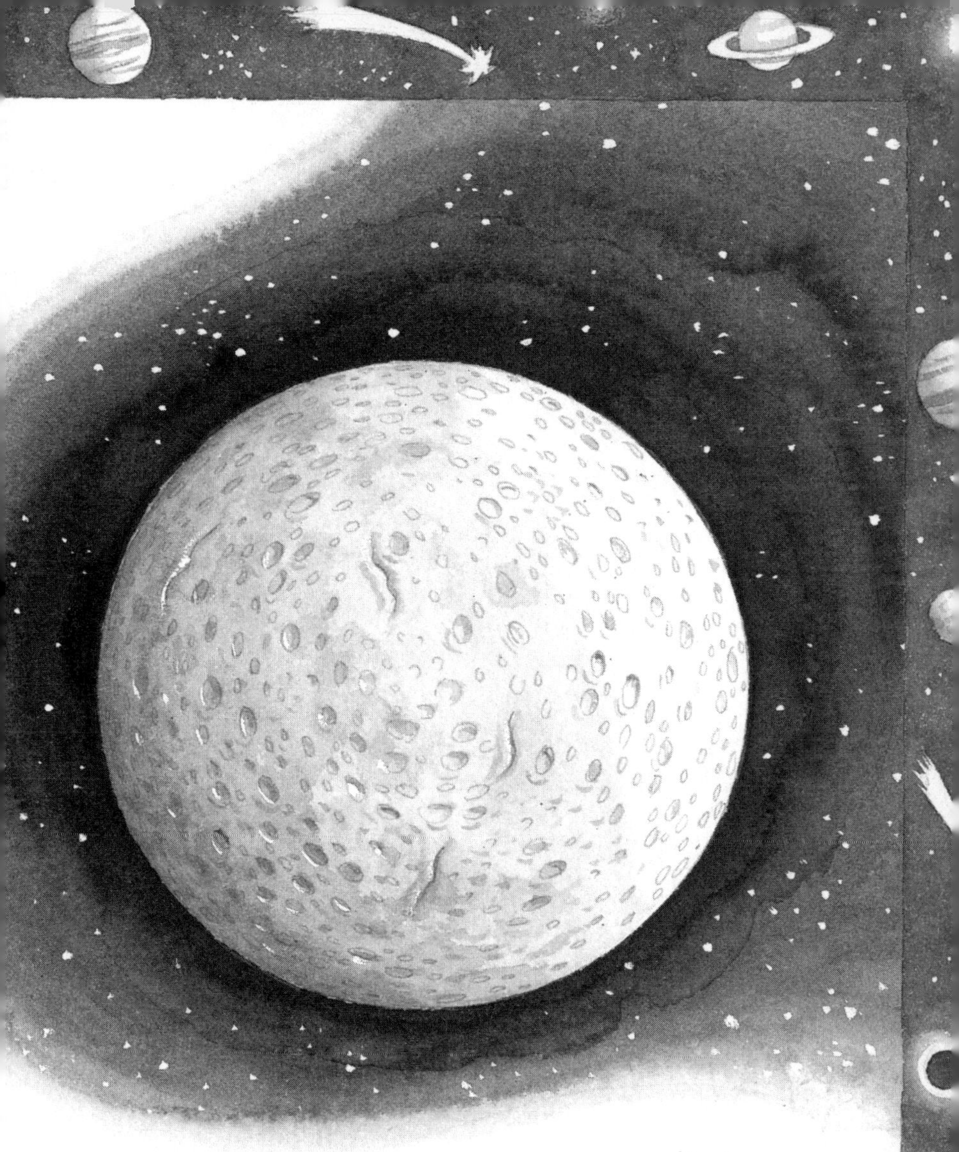

Hier siehst du, wie groß der
Merkur im Vergleich zur Erde ist.

Die Venus ist leicht am Nachthimmel zu entdecken. Sie sieht aus wie ein großer Stern. Kurz nach Sonnenuntergang und kurz vor Sonnenaufgang ist sie am hellsten.

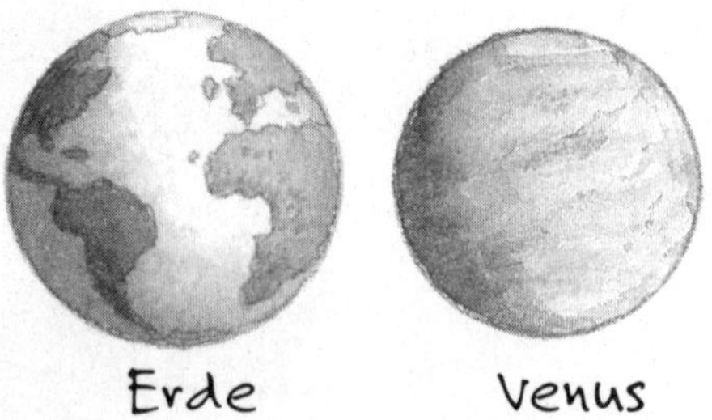

Venus

Benannt nach der römischen Göttin der Liebe und Schönheit.
Durchmesser: 12 104 Kilometer
Temperatur: durchschnittlich 460 °C

Die Venus wird oft als Zwillingsschwester der Erde bezeichnet. Sie ist nämlich fast genauso groß wie die Erde und liegt ihr am nächsten.

Aber in Wirklichkeit unterscheidet sich die Venus in vielem von der Erde. Sie ist nach der Sonne der heißeste Himmelskörper des Sonnensystems.

Die Temperatur auf der Venus ist viermal so hoch wie die von kochendem Wasser!

Selbst wenn Menschen diese Hitze aushielten, könnten sie auf der Venus nicht leben. Die Luft ist reines Gift! Außerdem ist sie so dick und schwer, dass sie einen Menschen zerquetschen würde.

Erde

Das Wort kommt aus dem Althochdeutschen und bedeutet „Land".
Durchmesser: 12 756 Kilometer
Temperatur: -90 °C bis +60 °C

Vom Weltall betrachtet sieht die Erde aus wie eine wunderschöne blau-weiße Murmel. Das Weiße sind die Wolken, die um unseren Planeten ziehen. Das Blaue ist das Wasser, das zwei Drittel der Erdoberfläche bedeckt.

Für uns fühlt sich die Erde hart an. Doch unter der Oberfläche liegen heißes geschmolzenes Gestein und Metall.
Die Hitze im Innern der Erde verursacht Vulkanausbrüche und Erdbeben.

Viele Astronomen denken, dass das Wasser auf die Erde kam, als zur Zeit ihrer Entstehung Eiskometen auf ihr einschlugen.

Mond

Das Wort „Mond" stammt aus dem Althochdeutschen.
Durchmesser: 3 475 Kilometer
Temperatur: -185 °C bis +125 °C

Der Mond ist rund 380 000 Kilometer von der Erde entfernt. Er ist felsig und grau. Es gibt weder Wasser noch Luft noch Wind. Über allem liegt eine Staubschicht. Da keine Atmosphäre den Mond umgibt, die das Sonnenlicht verteilen würde, ist der Himmel immer schwarz.

Da es weder Wind noch Regen gibt, bleiben Fußstapfen im Mondstaub ewig erhalten.

Die Schwerkraft des Mondes ist schwächer als die der Erde. Wenn du auf der Erde 30 Kilogramm wiegst, sind es auf dem Mond nur noch 5 Kilogramm. Da könntest du ganz schön hohe Sprünge machen!

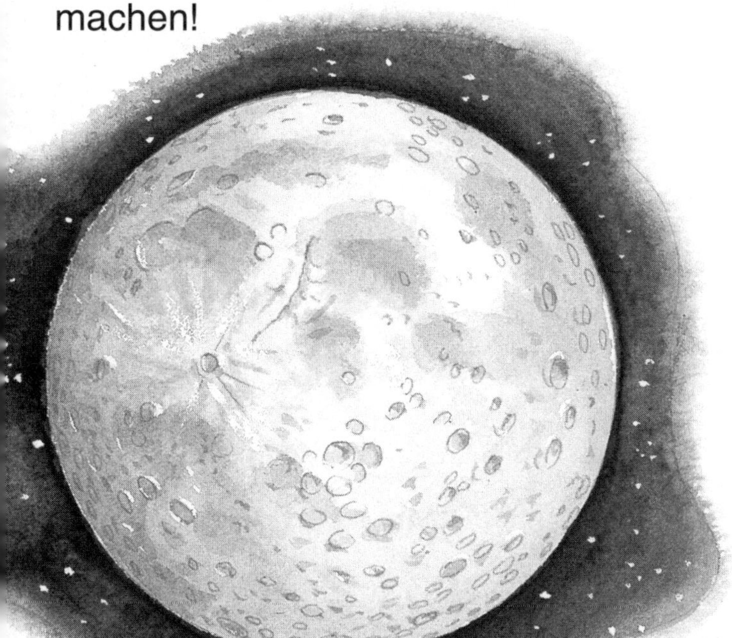

Wir sagen, der Mond „scheint“. Doch in Wirklichkeit leuchtet er nicht selbst. Er wirft nur das Licht der Sonne zurück.

Der Mars wird auch als „Roter Planet“ bezeichnet. Das liegt an dem roten Staub auf seiner Oberfläche.

Mars

Benannt nach dem römischen Kriegsgott.
Durchmesser: 6 794 Kilometer
Temperatur: -120 °C bis +30 °C

Der Mars ist der Erde am ähnlichsten. Es gibt dort Berge, Wüsten und Vulkane. Das Marsjahr gliedert sich wie unseres in Jahreszeiten. Ein Marstag ist etwa so lang wie ein Erdentag.

Dennoch unterscheidet sich der Mars von der Erde. Die Luft enthält keinen Sauerstoff, sodass Menschen dort nicht atmen könnten. Da kein Regen fällt, ist es immer trocken und staubig. Der Staub, der in der dünnen Luft liegt, lässt den Mars rosa erscheinen.

Der Mars hat zwei sehr kleine Monde. Der größere hat einen Durchmesser von 25 Kilometern. Beide sind nicht rund, sondern sehen aus wie Kartoffeln!

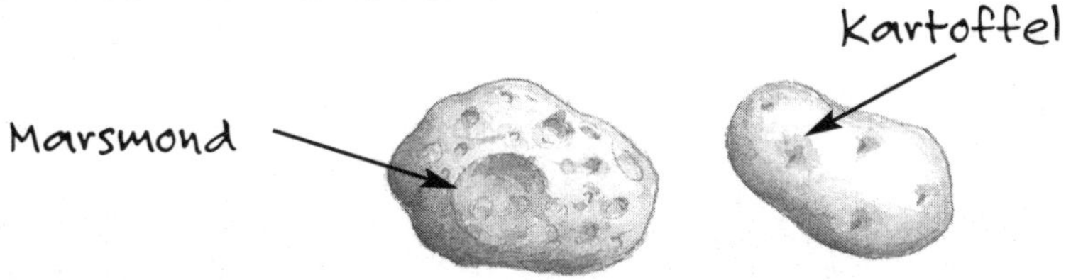

Jupiter

Benannt nach dem römischen Göttervater.
Durchmesser: 143 000 Kilometer
Temperatur: im Durchschnitt -125°C bis 17°C

Der Jupiter ist der größte Planet des Sonnensystems. Er ist doppelt so groß wie alle anderen Planeten zusammen.

Der Jupiter gehört zu den *Gasriesen*. Es gibt dort keinen festen Boden. Vielmehr ist der Jupiter ein gewaltiger Gasball mit einem heißen flüssigen Kern.

Den Jupiter umgeben weiße, blaue und braune Streifen. Das sind Wolken aus verschiedenen Gasen. Auf dem Planeten gibt es einen großen roten Fleck, der gut zweimal so groß ist wie die Erde. Das ist ein Sturm, der bereits seit über 300 Jahren wütet.

Der Jupiter
hat 28 Monde!
Erde
Jupiter

Der Saturn hat mehr Monde als jeder andere Planet. Es sind mindestens 30!

Saturn

Benannt nach dem Vater des Jupiter,
dem römischen Erntegott.
Durchmesser: 120 500 Kilometer
Temperatur: durchschnittlich -150°C

Wie der Jupiter ist auch der Saturn ein Gasriese. Er wandert sehr langsam um die Sonne. Ein Saturnjahr entspricht 30 Erdenjahren!

Der Saturn ist von Ringen umgeben. Alle Gasriesen haben Ringe, doch die des Saturn sind am größten.

Die Ringe des Saturn bestehen aus Eis- und Gesteinsbrocken, die den Planeten umkreisen. Nach Ansicht mancher Astronomen stammen sie von Kometen, die mit einigen der inneren Saturnmonde zusammenstießen und dabei zu Bruch gingen.

Uranus

Benannt nach dem Vater des Saturn, dem römischen Himmelsgott.
Durchmesser: 51 200 Kilometer
Temperatur: durchschnittlich -210°C

Der Uranus ist ein kalter Planet. Grüne Wolken hüllen ihn ein. Unter den Wolken befindet sich ein Meer aus Wasser und Gasen. Auch der Uranus hat Ringe. Wie die des Saturn bestehen sie aus Eis und Gestein. Sie sind jedoch viel kleiner. Das Ungewöhnlichste am Uranus ist, wie er sich um sich selbst dreht. Die Astronomen vermuten, dass ihn vor Milliarden von Jahren einmal ein Komet oder Asteroid umgekippt hat. Seither dreht er sich nicht quer zu seiner Umlaufbahn, sondern rollt auf ihr wie eine Bowling-Kugel. Wegen dieser ungewöhnlichen Umdrehung dauert auf dem Uranus eine Nacht bis zu 42 Erdenjahre!

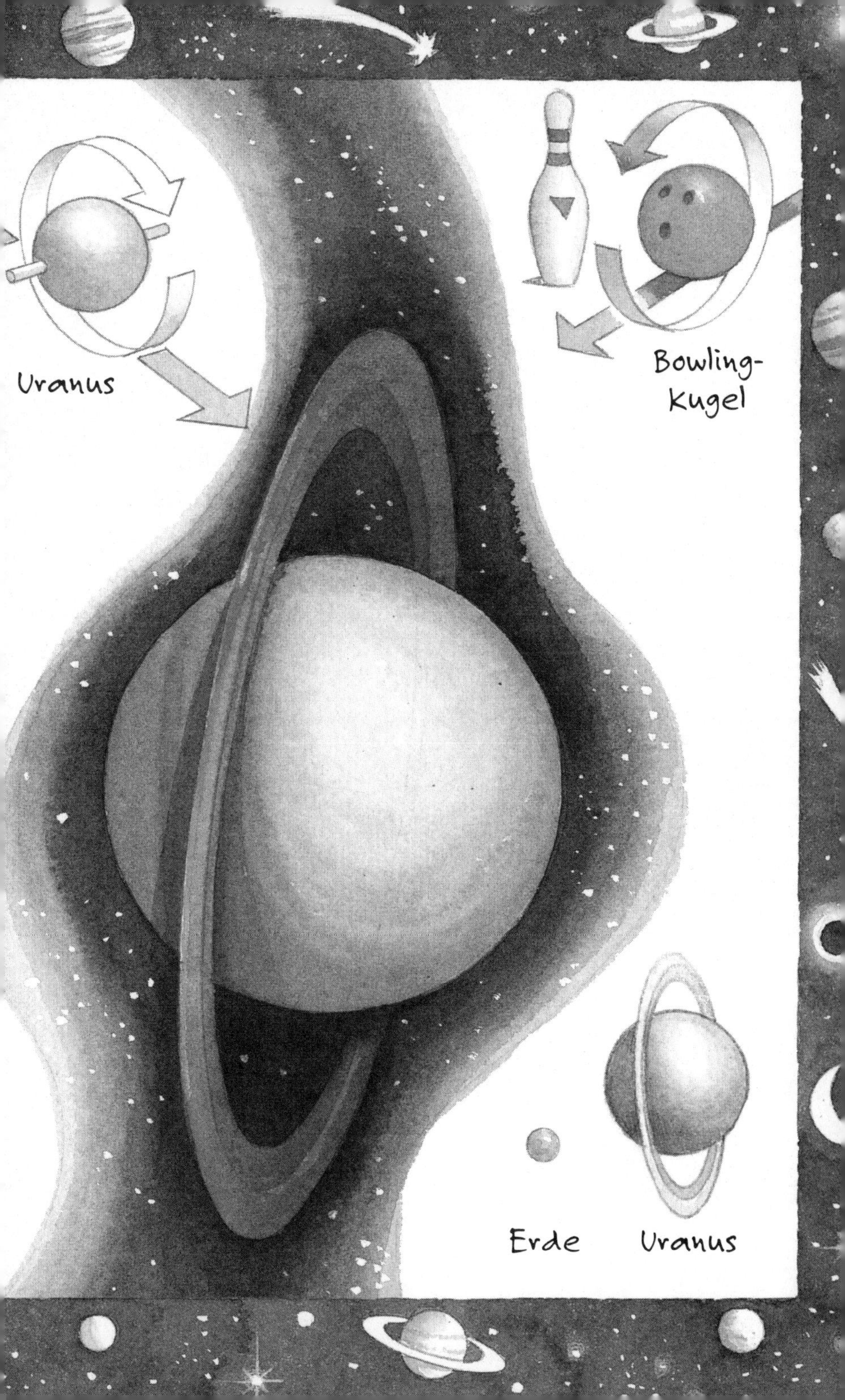

Uranus
Bowling-
Kugel
Erde
Uranus

Neptun
Erde

Neptun

Benannt nach dem römischen Meeresgott.
Durchmesser: 49 500 Kilometer
Temperatur: durchschnittlich -220°C

Der Neptun ähnelt dem Uranus. Die beiden Planeten sind etwa gleich groß. Auf beiden ist es sehr kalt. Beide haben mehrere Ringe.

Doch es gibt auch Unterschiede. Der Neptun sieht blau aus statt grün. Das liegt daran, dass sich seine Atmosphäre aus anderen Gasen zusammensetzt. Auf dem Neptun ist es stürmischer als auf dem Uranus. Der Wind erreicht bei einem Sturm 1 500 Kilometer pro Stunde. Das ist zehnmal so viel wie bei einem Wirbelsturm auf der Erde.

Der Neptun hat acht Monde. Einer davon wandert rückwärts um den Planeten! Es ist der einzige Mond, der seinen Planeten gegen dessen Umlaufrichtung umkreist.

Pluto

Benannt nach dem römischen Gott
der Unterwelt.
Durchmesser: 2 390 Kilometer
Temperatur: durchschnittlich -235°C

Der Pluto ist so weit von der Erde entfernt, dass die Astronomen noch nicht viel über ihn wissen. Sicher weiß man nur, dass es dort immer dunkel und kalt ist. Der Pluto ist winzig klein, kleiner als unser Mond.

Heute vermutet man, dass der Pluto gar kein Planet ist. Vielmehr könnte es sich um einen großen Eiskometen handeln.

Der Pluto-Mond Charon ist fast so groß wie der Pluto selbst!

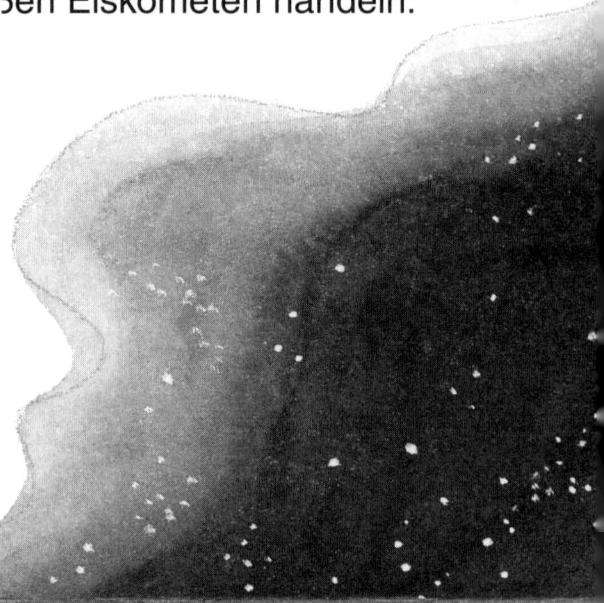

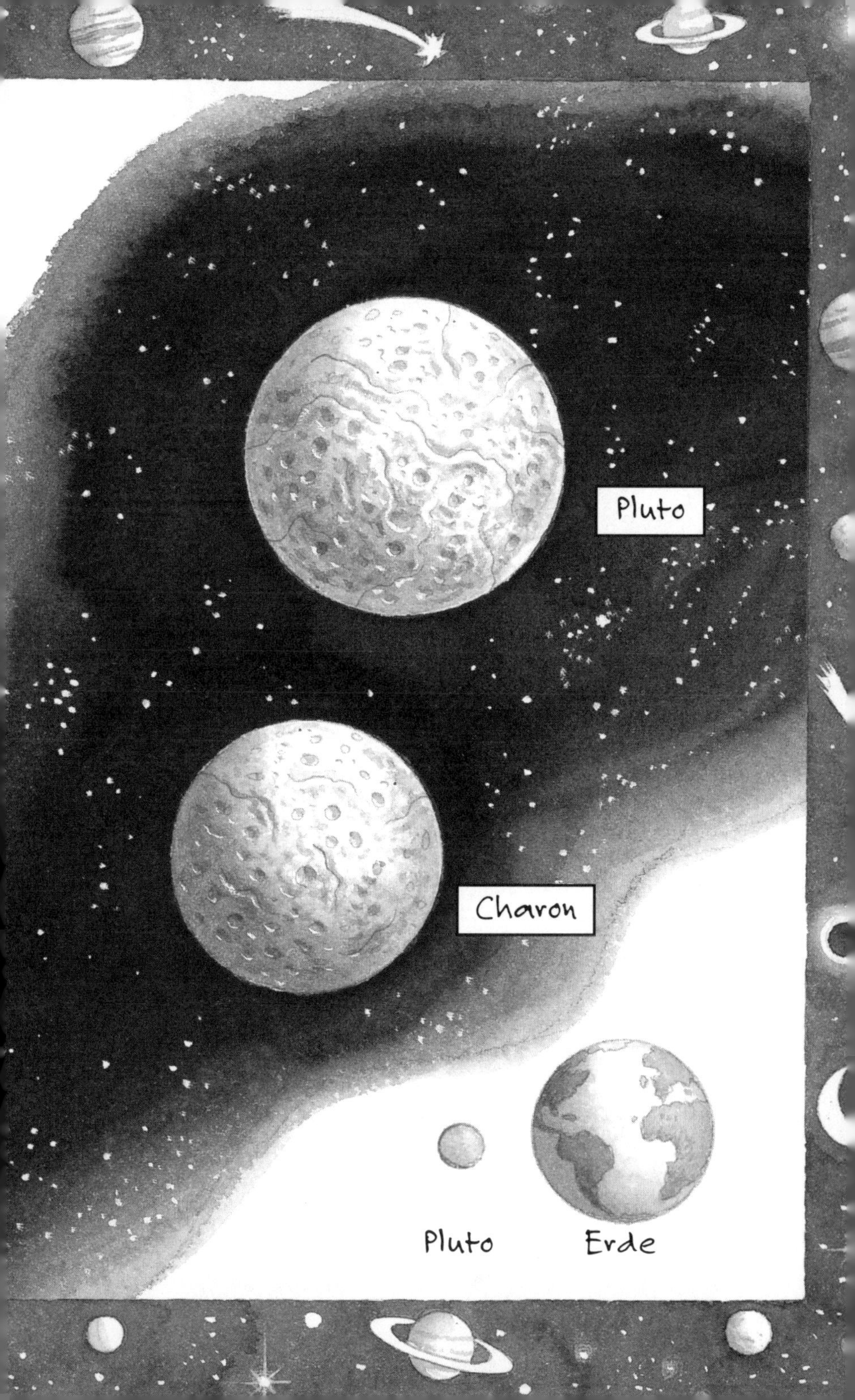
Pluto
Charon
Pluto
Erde

Anne und Philipp stellen vor:
Die Namen der Planeten

Mit diesem Satz kannst du dir die Reihenfolge der Planeten leicht merken. Jedes Wort fängt mit dem Anfangsbuchstaben eines Planeten an. Es beginnt mit dem der Sonne am nächsten gelegenen Planeten:

Mein Vater erklärt mir jeden Samstag unsere neun Planeten.

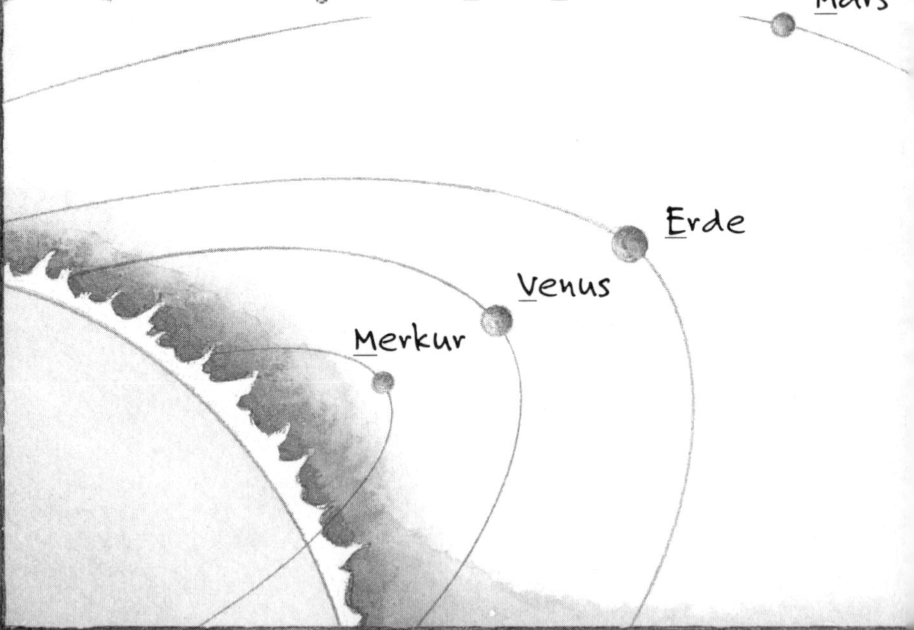

Pluto
Neptun
Uranus
Saturn
Jupiter

5

Die ersten Raumfahrten

Wenn man in der Astronomie vom *Weltall* oder *Weltraum* spricht, ist meist alles jenseits der Erde gemeint.

Es gibt keine klare Grenze, an der die Erdatmosphäre aufhört und das Weltall anfängt. Doch die meisten Forscher bezeichnen jede Reise, die weiter als 150 Kilometer von der Erde wegführt, als Raumfahrt.

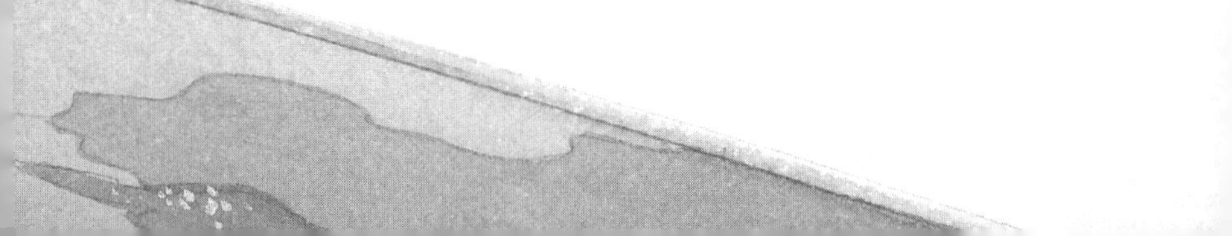

Raumfahrzeuge

Ein Gefährt, das Menschen oder Geräte ins All befördert, bezeichnet man als *Raumfahrzeug*. Um ins All zu gelangen, muss man die Schwerkraft der Erde überwinden. Diese Kraft ist so stark, dass ein Raumfahrzeug dafür eine Geschwindigkeit von 40 000 Kilometern pro Stunde erreichen muss. Das ist zwölfmal schneller, als das schnellste Düsenflugzeug fliegt!

Ein Auto- oder Flugzeugmotor ist nicht stark genug, um ein Raumfahrzeug ins All zu befördern. Bislang geht das nur mit Raketen.

Die Chinesen erfanden die Rakete schon vor rund 1000 Jahren. Sie setzten sie als Waffe oder Feuerwerkskörper ein.

Raketen

In einer Rakete verbrennt ein besonderer Treibstoff bei sehr hohen Temperaturen. Weil beim Verbrennen große Hitze entsteht, stößt hinten heißes Gas aus der Rakete. Ist diese Kraft groß genug, stößt sie die Rakete vom Boden weg durch die Atmosphäre hindurch ins All.

Ein Raketentriebwerk funktioniert also ähnlich wie ein Luftballon, den du aufbläst und loslässt: Die Luft entweicht und treibt den Ballon durchs Zimmer.

Entsprechend stoßen die Gase, die hinten aus der Rakete austreten, die Rakete von der Erde weg.

Wettrennen im All

Als der Wettlauf um die Eroberung des Weltraums in vollem Gange war, gehörte Russland zur Sowjetunion.

Vor 60 Jahren machten die Forscher in der Sowjetunion und den USA Versuche, mit Raketen Raumfahrzeuge ins All zu schießen. Die Sowjets hatten als Erste Erfolg.

Am 4. Oktober 1957 brachten die sowjetischen Forscher den ersten künstlichen *Satelliten* ins All. Sein Name war *Sputnik*.

Alles, was um einen Planeten kreist, bezeichnet man als Satelliten – auch einen Mond!

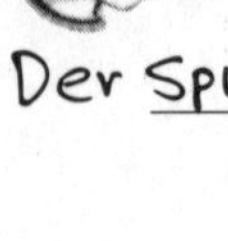

Der Sputnik war etwa so groß wie ein Wasserball.

Vier Monate später beförderten auch die USA ihren ersten Satelliten auf die Erdumlaufbahn. Das Wettrennen der beiden Großmächte um die Eroberung des Alls hatte begonnen.

Astronauten und Kosmonauten

In den folgenden Jahren bildete man in der Sowjetunion und in den USA Menschen für die Raumfahrt aus. In Amerika nannte man sie *Astronauten*, das bedeutet „Sternenfahrer". In der Sowjetunion hießen sie *Kosmonauten*, das bedeutet „Raumfahrer". Kosmos ist ein anderes Wort für Weltraum.

Der erste Satellit der USA hieß Explorer.

Endlich, am 12. April 1961, drehte der Kosmonaut Jurij Gagarin in einem sowjetischen Raumfahrzeug eine Runde um die Erde.

Die Reise dauerte knapp zwei

Stunden. Jurij Gagarin ging damit als erster Mensch im Weltall in die Geschichte ein.

Jurij Gagarin

Das Versprechen des Präsidenten

Der amerikanische Präsident John F. Kennedy sah, dass sein Land den Wettlauf zu verlieren drohte. Nach Jurij Gagarins Raumflug machte er ein gewagtes Versprechen. Er kündigte an, dass im Rahmen des amerikanischen Raumprogramms vor Ablauf der sechziger Jahre ein Mann auf dem Mond landen würde.

In den folgenden acht Jahren arbeiteten fast 400 000 Amerikaner an der Einlösung dieses Versprechens.

Präsident Kennedy sagte, er steuere den Mond nicht an, weil es einfach, sondern gerade weil es schwierig sei.

Die ersten Raumfahrten waren kurz, aber wichtig. Sie bewiesen, dass der Mensch ins All reisen und sicher zur Erde zurückkehren konnte.

Alan Shepard

Alan Shepard war der erste Amerikaner im All. Am 5. Mai 1961 machte er für 15 Minuten einen kleinen Sprung ins All.

Im Jahr 1962 umkreiste John Glenn als erster Amerikaner die Erde. 36 Jahre später kehrte er im Alter von 77 Jahren noch einmal ins All zurück.

John Glenn

Walentina Tereschkowa

Die Kosmonautin Walentina Tereschkowa war 1963 die erste Frau im All. Sie umkreiste die Erde drei Tage lang.

Strelka und Belka

Die beiden sowjetischen Hunde Strelka und Belka sowie 40 Mäuse und zwei Ratten waren die ersten Tiere, die ins All fuhren und wieder zur Erde zurückkehrten. Sie verbrachten 1960 einen Tag im Weltraum.

6

Die Landung auf dem Mond

Auf dem Mond zu landen war viel schwieriger, als nur ins All zu fliegen.

Eine Reise zum Mond und zurück würde mindestens eine Woche dauern. Als Präsident Kennedy seine Ankündigung machte, war noch niemand länger als ein paar Stunden im All gewesen!

Daneben gab es weitere Schwierigkeiten. 1961 gab es noch keine guten Aufnahmen von der Mondoberfläche.

Die Astronauten brauchten aber „Mondkarten“, um einen geeigneten Landeplatz zu finden. Darüber hinaus hatte sich noch niemand außerhalb eines Raumfahrzeugs im Weltall aufgehalten. Die Astronauten würden auf dem Mond Spezialanzüge brauchen, die sie vor der Hitze und der Kälte dort schützten.

Die amerikanischen Wissenschaftler und Ingenieure hatten alle Hände voll zu tun, um diese Probleme zu lösen.

Im Jahr 1961 schickten sie die ersten *Sonden* auf den Mond. Eine dieser Sonden machte 1964 sehr scharfe Bilder von der Mondoberfläche. So konnte man einen guten Landeplatz ausfindig machen. Im Jahr 1965 unternahm Ed White als erster Amerikaner einen „Spaziergang" im Weltraum. Er hielt sich 21 Minuten lang außerhalb seines Raumfahrzeugs auf. Dabei trug er einen Raumanzug, mit dessen Hilfe er atmen

Eine Sonde ist ein unbemanntes Raumfahrzeug, das nur von der Erde aus gesteuert wird.

Für Ed White war es der traurigste Augenblick seines Lebens, als er nach seinem Weltraumspaziergang wieder ins Raumfahrzeug zurückmusste.

konnte und der ihn vor der Kälte schützte. Ein paar Monate später kreisten die Astronauten Gordon Cooper und Charles (Pete) Conrad acht Tage lang um die Erde. Sie bewiesen damit, dass Menschen sich lange genug im Weltraum aufhalten konnten, um zum Mond und zurück zu gelangen.

1968 umrundeten Frank Borman, James Lovell und William Anders am Heiligen Abend zehnmal den Mond. Aus dem All wünschten sie den Menschen frohe Weihnachten. Der Mensch konnte also zum Mond fahren und zurückkehren.

Jetzt endlich sahen sich die Amerikaner in der Lage, einen Menschen auf dem Mond landen zu lassen.

Schritte bis zur Mondlandung

1961–1967: Sonden machen Bilder

1965: Weltraumspaziergang

1965: Acht Tage im Weltraum

1968: Mondumrundung

Auf zum Mond!

Am 16. Juli 1969 startete eine Rakete von Cape Kennedy in Florida. Die Rakete trug das Raumfahrzeug *Apollo 11*.

Das Raumfahrzeug Apollo 11 bestand aus zwei Teilen. Das eine war die *Kommando-kapsel*. Darin fuhren die drei Astronauten durchs All auf die Mondumlaufbahn.

Das andere war die *Mondlandeeinheit*. Auf der Mondumlaufbahn angekommen, trennte sich die Landeeinheit von der Apollo 11 und brachte zwei Astronauten zum Mond. Nach ihrem Spaziergang auf dem Mond fuhren die beiden mit der Landeeinheit wieder zur Kommando-kapsel. Dann kehrten alle drei Astronauten zur Erde zurück.

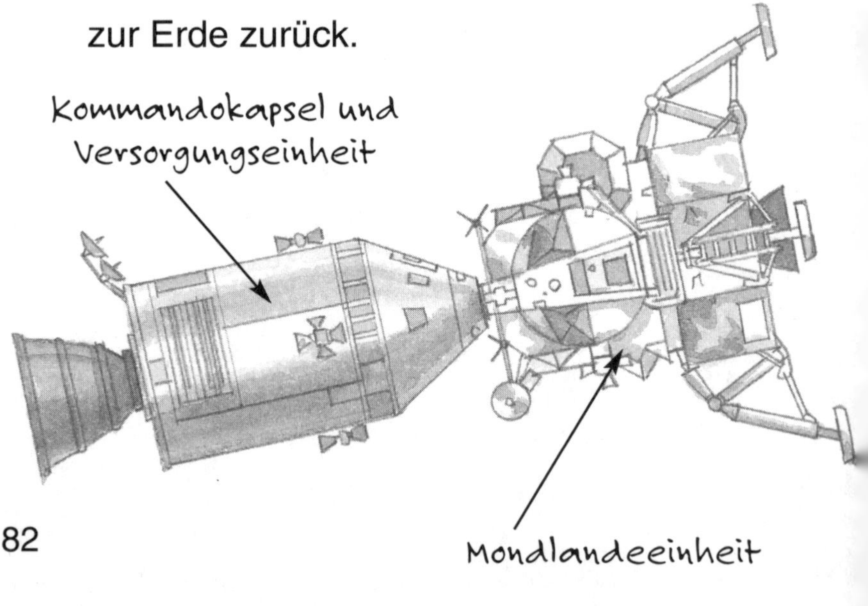

Jeder Abschnitt der Reise war sehr gefährlich. Das kleinste Missgeschick hätte die ganze Mission scheitern lassen können. Der kleinste Fehler hätte die Astronauten ihr Leben kosten können.

Die Astronauten nannten die Mondlandeeinheit Eagle, das heißt Adler.

Spaziergang auf dem Mond

Am 20. Juli 1969, vier Tage nach dem Start, erreichte die Apollo 11 die Mondumlaufbahn. Ein paar Stunden später setzte die Landeeinheit auf der Mondoberfläche auf.

Nach der Landung auf dem Mond meldeten sie zur Erde: „Der Adler ist gelandet".

Kurz darauf betrat Neil Armstrong als erster Mensch den Mond. Sein Kollege Edwin „Buzz" Aldrin folgte ein paar Minuten später.

Neil Armstrong hatte lange darüber nachgedacht, was er in diesem Moment sagen solle.

Dies waren seine Worte:

„Das ist nur ein kleiner Schritt für einen Menschen, aber ein gewaltiger Sprung für die Menschheit.“

Die Mondlandung war also in Armstrongs Augen eine Leistung, auf die die ganze Welt stolz sein konnte.

Die Astronauten ließen ein Schild auf dem Mond zurück, auf dem stand: „Wir kamen in Frieden für die gesamte Menschheit.“

Neil Armstrong und Buzz Aldrin gingen zwei Stunden lang auf dem Mond spazieren. Sie hissten die amerikanische Flagge. Und sie teilten den Menschen auf der Erde mit, wie schön der Mond ist – und wie schön die Erde aus dem Weltall aussieht.

Am folgenden Morgen verließen Armstrong und Aldrin den Mond und kehrten zu ihrem Kollegen Mike Collins in die Kommandokapsel zurück. Alle drei gelangten sicher auf die Erde. Die Mission war gelungen.

Überall auf der Erde feierten die Menschen die sichere Rückkehr der drei amerikanischen „Mondmänner“.

Mondanzug und Mondauto

Auf drei Mondmissionen hatten die Astronauten ein Mondauto dabei. Diese Autos sind noch heute auf dem Mond! Mit Mondanzügen konnten die Astronauten auf der Mondoberfläche spazieren gehen.

Mondauto

Fernsehkamera
Lichter
Helm
Sauerstoff-
Flasche
Mikrofon
Regler für
Temperatur
und Sauerstoff
Handschuhe
Stiefel

7

Raumfahrt heute

Zwischen 1969 und 1972 gab es fünf weitere Mondlandungen der Amerikaner. Auch die Sowjets versuchten, Kosmonauten auf den Mond zu bringen. Doch es gelang ihnen nicht.

Schließlich unternahmen Amerikaner und Sowjets eine gemeinsame Raummission. Im Jahr 1975 dockte ein amerikanisches Raumfahrzeug auf der Erdumlaufbahn an ein sowjetisches an. Kosmonauten und Astronauten reichten sich die Hände.

Auf dem Weg um die Erde nahmen sie zusammen eine Mahlzeit ein.

Der Wettlauf im All war vorüber. Ein neues Zeitalter der Zusammenarbeit im Weltall hatte begonnen.

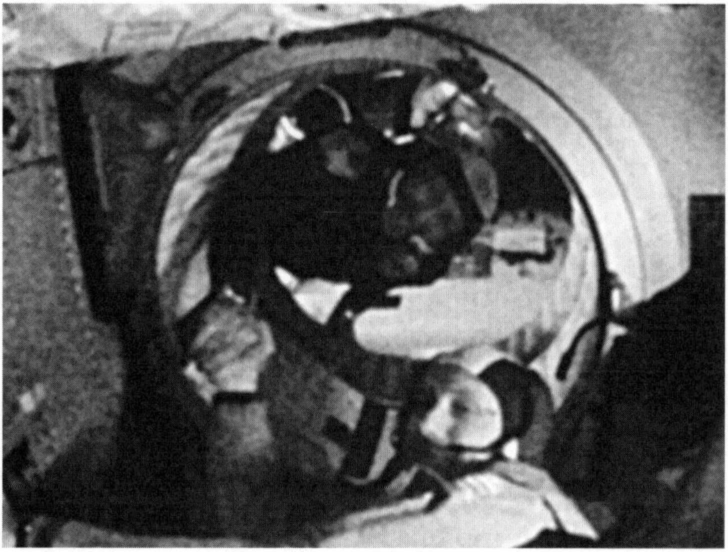

Im Juli 1975 gaben sich der Astronaut Thomas P. Stafford und der Kosmonaut Alexej A. Leonow im All die Hände.

Weltraumstationen

Als es den Sowjets nicht gelang, einen Menschen auf den Mond zu bringen, wandten sie sich einem anderen Vorhaben zu. Sie begannen, *Weltraumstationen* zu bauen.

Eine Weltraumstation gleicht einem Haus im All. Darin können die Raumfahrer essen, schlafen und alle möglichen Experimente durchführen.

Ein Experiment ist ein wissenschaftlicher Versuch.

Zwischen 1971 und 1982 brachten die Sowjets sieben Raumstationen ins All. Alle trugen den Namen *Saljut*. Das ist das russische Wort für „Salut“. Die Raumstationen sollten nämlich eine Art Salut an Jurij Gagarin sein.

Eine Raumstation kann mehrere Jahre im All bleiben.

Die USA brachten nur eine Raumstation auf die Erdumlaufbahn. Sie hieß *Skylab*, zu Deutsch „Himmelslabor“. Skylab wurde jedoch beim Start 1973 beschädigt und war nur wenige Monate in Gebrauch.

Im Jahr 1986 brachte die Sowjetunion eine neue Art von Raumstation auf den Weg. Sie hieß *Mir*, „Frieden“.

Die Mir sollte fünf Jahre lang die Erde umrunden. Doch sie wurde immer wieder erneuert und repariert und blieb 15 Jahre im All.

Raumfahrer aus vielen Ländern besuchten die Mir auf der Erdumlaufbahn. Manche blieben über ein Jahr. Sie bewiesen, dass Menschen es im All lange genug aushalten, um auch andere Planeten zu besuchen.

Die Mir wurde 2001 aufgegeben. Man ließ sie kontrolliert auf die Erde zurückfallen.

Die Internationale Raumstation

Heute arbeiten mehrere Nationen gemeinsam an einer neuen Raumstation. Diese *Internationale Raumstation* heißt kurz *ISS*.

Wie die Mir wird die ISS im Weltraum gebaut. Wenn sie fertig ist, wird sie so groß wie zwei Fußballfelder sein. Von der Erde aus wird sie am Nachthimmel aussehen wie der hellste Stern.

Die ersten Teile der ISS brachten Russland und die USA 1998 ins All.

Raumstationen

Saljuts: 1971–1982

Skylab: 1973–1974

Mir: 1986–2001

ISS: 1998–heute

Die erste Raumfähre startete 1981.

Raumfähren

Viele Jahre lang wurden Raumfahrzeuge nur für eine einzige Fahrt ins All erbaut. Heute gibt es die so genannten *Spaceshuttles* oder *Raumfähren*. Sie sind die einzigen Raumfahrzeuge, die mehr als nur einmal verwendet werden können.

Der Spaceshuttle wird von einer Trägerrakete in den Weltraum gebracht. Bis zu zwei Wochen lang umrundet er die Erde. Dann kehrt er zurück und landet wie ein Flugzeug.

Spaceshuttle Columbia

Bei der Landung bremsen Fallschirme die Raumfähre ab.

Die Raumfähre bringt Astronauten zur Raumstation und wieder zurück. Oder sie befördert Satelliten. Manchmal sammelt die Mannschaft einer Raumfähre auch kaputte Satelliten ein, repariert sie und bringt sie dann wieder auf die Erdumlaufbahn.

Die Besatzungen von Raumfähren haben außerdem bereits tausende von Experimenten durchgeführt. Dank dieser Experimente wissen die Wissenschaftler heute mehr über das Leben und Arbeiten im Weltraum.

Auf den nächsten Seiten kannst du dir eine Raumfähre genauer ansehen.

Die Raumfähre

Die Raumfähre besteht aus drei Teilen. Zwei davon können immer wieder verwendet werden.

Der Treibstofftank enthält den Raketentreibstoff. Wenn der Treibstoff aufgebraucht ist, fällt der Tank in die Erdatmosphäre zurück und verglüht.

Mit den Feststoff-Triebwerken erfolgt der Start. Sie werden abgeworfen, sobald sie ausgebrannt sind.

Astronautin Mae Jemison

8

Leben und Arbeiten im All

Die Lebensbedingungen im All sind ganz anders als auf der Erde. Im Weltraum gibt es keine Luft zum Atmen. Außerdem ist es entweder eisig kalt oder glühend heiß. Und außerhalb der schützenden Erdatmosphäre ist die Strahlung der Sonne höchst gefährlich.

Eine Raumfähre oder eine Raumstation wie die ISS macht den Menschen das Leben im All so angenehm wie möglich. Sie hat eine eigene Luftversorgung.

Die Temperatur ist regelbar. *Rumpf* und

Fenster schützen vor der gefährlichen Sonnenstrahlung.

Der Rumpf ist der Körper eines Schiffes, Flugzeugs oder Raumfahrzeugs.

Schwerelosigkeit

Einen Unterschied zwischen der Erde und dem All können die Wissenschaftler aber nicht aufheben: die *Schwerelosigkeit*.

Je weiter man sich von der Erde entfernt, desto schwächer wird die Anziehungskraft der Erde. Im Weltall ist sie nicht mehr vorhanden. Menschen und Gegenstände sind schwerelos, sie haben kein Gewicht mehr.

Die Schwerelosigkeit hat Auswirkungen auf alles, was die Astronauten im Weltall tun. Es gibt kein Oben und kein Unten. Werkzeuge, Bleistifte und Notizbücher schweben bei der Arbeit durch den Raum. Baden muss man mit einem nassen Handtuch, denn das Wasser würde nicht in der Wanne bleiben!

Die Tabletts mit dem Essen sind am Tisch befestigt. Das Essen muss kleben, damit es auf der Gabel bleibt. Auch die Kekse sind klebrig, weil sonst die Krümel durch den Raum fliegen würden!

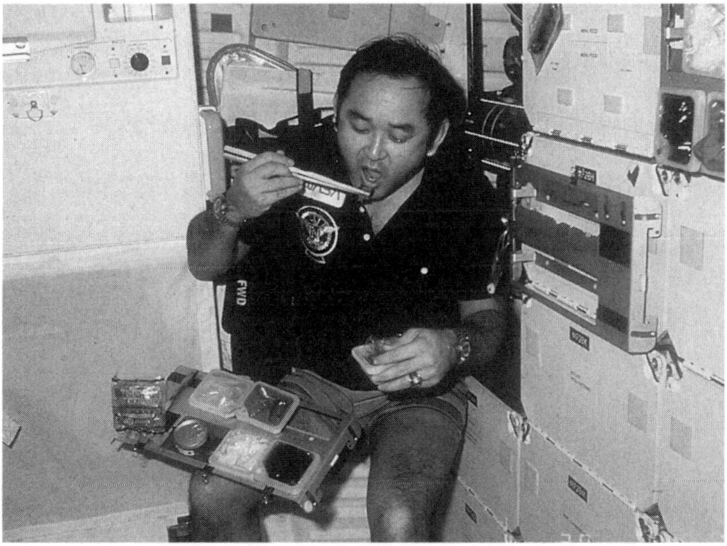

Ellison Onizuka war der erste amerikanische Astronaut japanischer Abstammung. Er und sechs weitere Astronauten kamen 1986 ums Leben, als die Raumfähre Challenger explodierte.

Im Weltraum gibt es weder Tag noch Nacht.

Die Toilette hat Gurte und Fußriemen. Gespült wird nicht mit Wasser, sondern mit Saugluft wie bei einem Staubsauger.

Zum Schlafen legen sich die meisten Astronauten in einen Schlafsack, der an der Wand befestigt ist. Laken und Decken würden nämlich einfach davonschweben und mit ihnen der schlafende Astronaut!

Bei einem langen Aufenthalt im Weltraum kann die Schwerelosigkeit

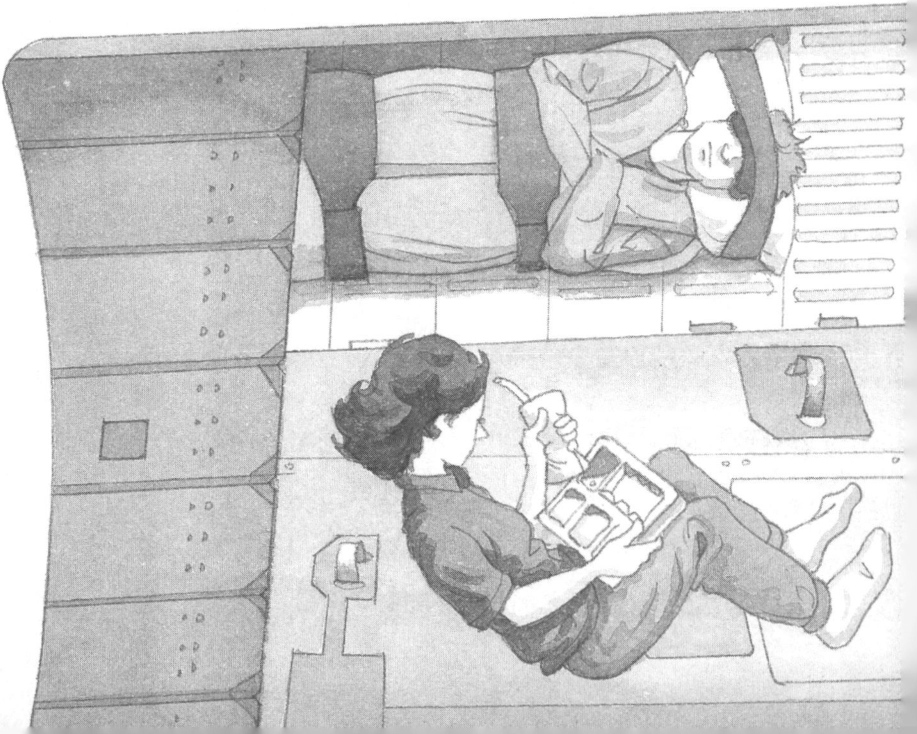

ernste Probleme mit sich bringen. Muskeln werden abgebaut, Sehnen erschlaffen. Deshalb verbringen die Astronauten einen Teil des Tages mit Krafttraining. Andernfalls könnten sie, wenn sie zur Erde zurückkehren, nicht einmal mehr laufen!

Trotz all dieser Schwierigkeiten schwärmen die Astronauten von ihrer Reise ins All. Die meisten finden die Schwerelosigkeit einfach toll!

Wenn man die Erde in einem Raumfahrzeug umrundet, sieht man die Sonne etwa alle 90 Minuten auf- und untergehen!

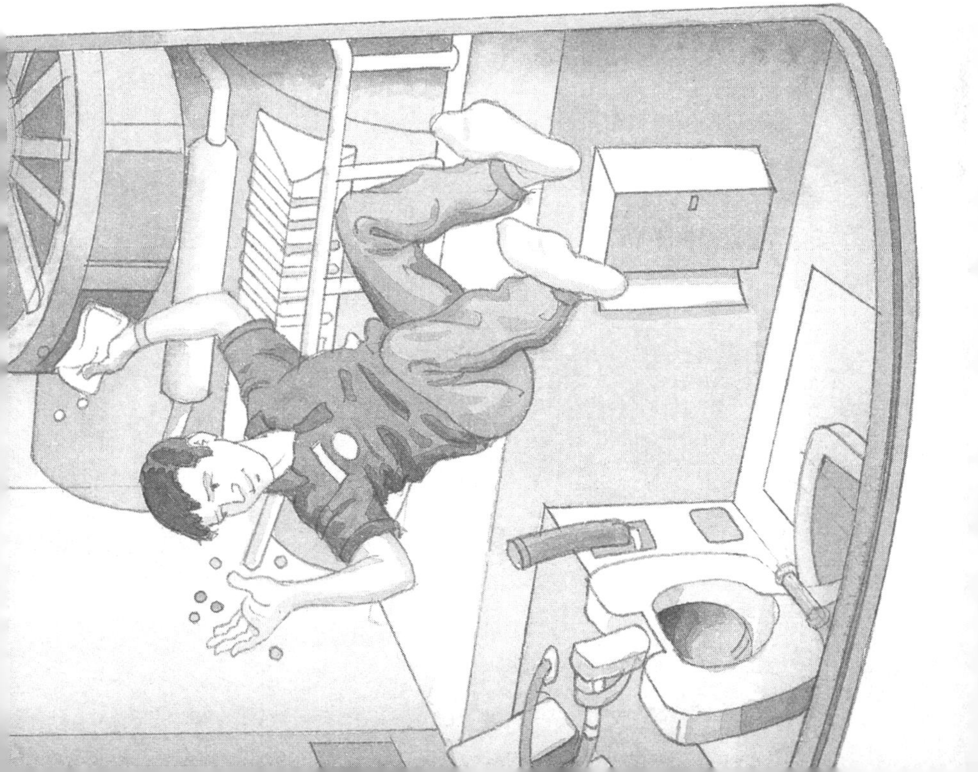

Die Suche nach Leben im Weltall

Gibt es im Weltall irgendwo Leben? Niemand weiß das. Doch weil das Weltall so groß ist, glauben viele Astronomen nicht, dass die Erde der einzige Planet ist, auf dem es Lebewesen gibt.

Das SETI-Projekt

SETI ist die Abkürzung für **S**uche nach **e**xtra**t**errestrischer **I**ntelligenz. *Extraterrestrisch* bedeutet „außerirdisch“. Die Astronomen des SETI-Projekts suchen nach Signalen, die von Wesen aus dem All kommen könnten. Außerdem senden sie Botschaften ins All. Bislang haben sie allerdings keine Antwort erhalten!

Die SETI-Astronomen forschen mit Hilfe des Arecibo-Radioteleskops in Puerto Rico nach Botschaften aus dem All.

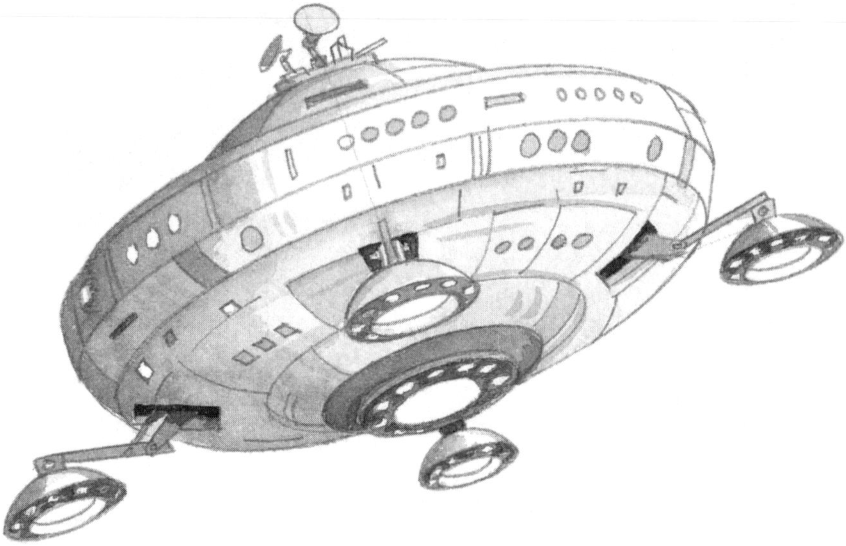

UFOs

UFO steht für „**u**nbekanntes **F**lug**o**bjekt“. Es gibt Leute, die glauben, dass Wesen aus dem All die Erde in UFOs besuchen. Doch bisher gibt es dafür keine Beweise.

UFOs nennt man manchmal auch *Fliegende Untertassen*. Das liegt daran, dass sie in Geschichten und Filmen meist rund und flach sind.

Außerirdische

Im Englischen bezeichnet man Außerirdische als *Aliens*. Die Wissenschaftler können nur vermuten, wie ein Außerirdischer wohl aussieht. Bei ihren Überlegungen gehen sie von den Bedingungen auf den Planeten aus, auf denen es Leben geben könnte. Wie stellst du dir außerirdische Wesen vor?

9

Die Zukunft

Im Altertum errichteten die Menschen hohe Türme, um den Himmel besser beobachten zu können. Heute arbeiten die Wissenschaftler daran, eines Tages ganz normalen Menschen einen Wochenendausflug ins All zu ermöglichen!

In riesigen, sich drehenden Raumstationen könnte man künstlich Schwerkraft erzeugen, damit sich die Besucher bei ihrem Urlaub im Weltraum wohler fühlen. Eine solche Raumstation wäre eine Art Hotel im All.

Eines Tages wird man vielleicht Siedlungen auf dem Mond oder dem Mars gründen. Diese würden sich selbst mit Luft und Nahrung versorgen. Die Menschen könnten dort leben, ohne auf die Erde zurückzukehren.

All diese Vorhaben liegen sehr weit in der Zukunft. Der nächste große Schritt in der Raumfahrt wird wahrscheinlich eine Marslandung sein. Viele Wissenschaftler halten das innerhalb der nächsten 20 Jahre für möglich.

Welcher Mensch wird als Erster auf dem Mars landen? Sally Ride, die erste amerikanische Frau im Weltraum, sagt:

„Der erste Mensch auf dem Mars ist bereits geboren. Sie oder er macht wahrscheinlich irgendwo auf der Welt schon bei einem naturwissenschaftlichen Jugendprojekt mit. Wenn dieses Kind die Flagge des Planeten Erde auf der roten Oberfläche des Mars hisst – das wird ein wunderbarer Tag!“

Wer weiß? Vielleicht bist *du* ja dieses Kind!

Register

Bildnachweis

AFP/Corbis (Seite 138). James Amos/NGS Image Collection (Seite 104). AP/Wide World Photos (Seite 172). Bettmann/Corbis (Seite 106, 140, 173, 174 oben, 175 unten). Jonathan Blair/NGS Image Collection (Seite 142). Ira Block/NGS Image Collection (Seite 215). Dr. Jeremy Burgess/Science Photo Library (Seite 105). Corbis (Seite 107, 110). Alan J. Friedman (Seite 133). Mark Garlick/Science Photo Library (Seite 128). Nasa (Seite 129, 150, 174 unten, 181, 184, 185, 196, 200). Nasa/NGS Image Collection (Seite 109, 179, 188, 190, 203). Nasa/Science Photo Library (Seite 114, 139, 192, 195). Novosti (London) (Seite 175 oben). David Parker/Science Photo Library (Seite 115). Science Museum/Science & Society Picture Library (Seite 170). Dr. Seth Shostak/Science Photo Library (Seite 207). SIPA Press, Robert Trippett (Seite 214). Joe Sohm/Chromosohm (Seite 176). Jim Sugar Photography/Corbis (Seite 113). G. Tortoli/Ancient Art & Architecture Collection Ltd. (Seite 108). Frank Zullo/Photo Researchers, Inc. (Seite 116).

Mary Pope Osborne und **Will Osborne** sind seit mehreren Jahren verheiratet und leben zusammen mit ihrem Norfolkterrier Bailey in New York. Mary hat bereits mehr als 50 Kinderbücher geschrieben; Will arbeitete lange als Schauspieler, Regisseur und Autor am Theater.
Zusammen haben sie an zwei Büchern über griechische Mythologie mitgearbeitet.
Zu ihrer gemeinsamen Arbeit an dem *Forscherhandbuch Weltall* meinten die Autoren:
„Eines der tollsten Erlebnisse bei den Nachforschungen für den Band Weltraum war für uns ein Besuch in der New York Hall of Science, die unser Freund Dr. Alan J. Friedman leitet. Dort sahen wir uns Modelle aller Planeten an und zwei echte Gesteinsbrocken aus dem All! Außerdem erforschten wir eine andere Art Weltraum: den Cyberspace! Viel Zeit verbrachten wir im Internet. Dort fanden wir die neusten Daten zu Teleskopen, Raumstationen und Spaceshuttle-Missionen. Manchmal blickten wir auch einfach nur in den Sternenhimmel, dachten über das Weltall nach und über unser winzig kleines Stückchen davon hier auf der Erde.“

Rooobert Bayer, 1968 in Wien geboren, machte sein Hobby mit 24 Jahren zum Beruf. Als Zeichner war jetzt kein Blatt Papier mehr vor ihm sicher. Von Karikaturen bis zu Wandgemälden malte er fast alles, was ihm unter die Pinsel kam. Jetzt illustriert er insbesondere Kinderbücher.